大连海事大学校企共建特色教材

大连海事大学–海丰国际教材建设基金资助

国际航运代理 第三版
理论与实务

主编◎孙家庆

大连海事大学出版社

DALIAN MARITIME UNIVERSITY PRESS

图书在版编目(CIP)数据

国际航运代理理论与实务 / 孙家庆主编. — 3 版.
— 大连 : 大连海事大学出版社, 2024.5
ISBN 978-7-5632-4542-0

Ⅰ. ①国… Ⅱ. ①孙… Ⅲ. ①国际运输−水路运输−
货运代理 Ⅳ. ①F550.84

中国国家版本馆 CIP 数据核字(2024)第 070742 号

大连海事大学出版社出版

地址:大连市黄浦路523号　邮编:116026　电话:0411-84729665(营销部)　84729480(总编室)
http://press.dlmu.edu.cn　E-mail:dmupress@dlmu.edu.cn
大连金华光彩色印刷有限公司印装　　　　　大连海事大学出版社发行

2002 年 8 月第 1 版　　　2024 年 5 月第 3 版　　　2024 年 5 月第 1 次印刷
幅面尺寸:184 mm×260 mm　　　　　　　　　　　印张:10
字数:246 千　　　　　　　　　　　　　　　　　印数:1~1000 册

出版人:刘明凯

责任编辑:孙笑鸣　　　　　　　　　　　　　　　责任校对:刘若实
封面设计:张爱妮　　　　　　　　　　　　　　　版式设计:张爱妮

ISBN 978-7-5632-4542-0　　　　定价:25.00 元

总前言

　　航运业是经济社会发展的重要基础产业,在维护国家海洋权益和经济安全、推动对外贸易发展、促进产业转型升级等方面具有重要作用,对我国建设交通强国、海洋强国具有重要意义。大连海事大学作为交通运输部所属的全国重点大学、国家"双一流"建设高校,多年来为我国乃至国际航运业培养了大批高素质航运人才,对航运业的发展起到了重要作用。

　　进入新时代以来,党中央、国务院及教育主管部门对高等教育的人才培养体系提出了更高要求,对教材工作尤为重视。根据要求,学校大力开展了新工科、新文科等建设及产教融合、科教融合等改革。在教材建设方面,学校修订了教材管理相关制度,建立了校企共建本科教材机制,大力推进校企共建教材工作。其中,航运特色专业的核心课程教材是校企共建的重点,涉及交通运输、海洋工程、物流管理、经济金融、法律等领域。

　　2021年以来,大连海事大学与海丰国际控股有限公司签订了校企共建教材协议,共同成立了"大连海事大学校企共建特色教材编委会"(简称"编委会"),负责指导、协调校企共建教材相关工作,着力建成一批政治方向正确、满足教学需要、质量水平优秀、航运特色突出、符合国家经济社会发展需求和行业需求的高水平专业核心课程教材。编委会成员主要由大连海事大学校领导和相关领域专家、海丰国际控股有限公司领导和相关行业专家组成。

　　校企共建特色教材的编写人员经学校二级单位推荐、学校严格审查后确定,均具有丰富的教育教学和教材编写经验,确保了教材的科学性、适用性。公司推荐具有丰富实践经验的行业专家参与共建教材的策划、编写,确保了教材的实践性、前沿性。学校的院、校两级教材工作委员会、党委常委会通过个人审读与会议评审相结合、校内专家与校外专家相结合等不同形式对教材内容进行学术审查和政治审查,确保了教材的学术水平和政治方向。

　　在校企共建特色教材的编写与出版过程中,海丰国际控股有限公司还向学校提供了经费资助,在此表示感谢。大连海事大学出版社对教材校审、排版等提供了专业的指导与服务,在此表示感谢。同时,感谢各方领导、专家和同仁的大力支持和热情帮助。

　　校企共建特色教材的编写是一项繁重而复杂的工作,鉴于时间、人力等方面的因素,教材内容难免有不妥之处,希望专家不吝指正。同时,希望更多的航运企事业单位、专家学者能参与到此项工作中来,为我国培养高素质航运人才建言献策。

大连海事大学校企共建特色教材编委会

2022年12月6日

内容提要

　　本书作为国内第一本全面论述国际航运代理理论与实践的教材,从国际航运代理三大运营主体(国际船舶代理人、国际海上货运代理人、无船承运人)作为代理人和当事人的视角,全方位地阐述了国际航运代理单证、费用、流程、身份识别四大关键要素的理论与实践。全书由国际货代、国际船代、无船承运三篇,国际海运货代单证、国际海运货代费用、国际海运货代操作流程、国际船代费用与单证、国际船代口岸查验、国际船代操作流程、无船承运业务操作实务、国际海运货代身份识别八章组成,初步构建了相对完整的国际航运代理理论与实践体系。

　　本书内容新颖、实用,可操作性强,既可作为高等院校国际航运管理、物流管理、物流工程、交通运输、工商管理以及相关专业的本科生、研究生(包括 MBA、EMBA)的教材,也可供相关企业培训业务人员之用。

第三版前言

国际航运代理作为国际海运承运人、进出口发货人与收货人的桥梁,在国际贸易与国际航运中发挥着不可或缺的重要作用。党的二十大报告明确提出推动共建"一带一路"高质量发展,加快建设交通强国。这无疑为我国国际航运代理迈向更高水平、迈上更高台阶提供了更加有力的战略指引,注入了更强劲的发展动力。一方面,实践的发展要求并推动着相关理论研究和人才培养,从而促进国际航运代理理论研究的深入开展,使理论能更加科学、自觉地指引实践,并为国际航运代理行业提供更强有力的智力支持和人才支撑;另一方面,国际航运代理理论研究和人才培养也需要实践的介入和助力,因而迫切需要国际航运代理理论研究、人才培养与实践发展的同频共振、协同发展。基于此,我们对《国际航运代理理论与实务》(第二版)进行了修订,并力图体现以下特色:

(1)思政引领。新版教材以习近平新时代中国特色社会主义思想为指导,全面贯彻党的二十大精神,注重将深入推进新时代中国特色社会主义建设以及贯彻新发展理念、构建新发展格局、推动高质量发展背景下取得的国际航运代理实践经验与理论探索融入教材建设之中,培养国际航运代理人才树立家国情怀、技能报国,积极投身"一带一路"和交通强国建设,推动中国国际航运代理由中国走向世界。

(2)视角独特。考虑相关课程的分工,新版教材删除了与租船运输相关的内容,进一步强化了以国际海上集装箱班轮运输代理业务为主线,从国际航运代理三大运营主体(国际船舶代理人、国际海上货运代理人、无船承运人)作为代理人和当事人的视角,全方位地阐述其作为国际航运代理的理论与实践。

(3)体系清晰。新版教材由国际货代、国际船代、无船承运三篇,国际海运货代单证、国际海运货代费用、国际海运货代操作流程、国际船代费用与单证、国际船代口岸查验、国际船代操作流程、无船承运业务操作实务、国际海运货代身份识别八章组成。

(4)与时俱进。注重将《中华人民共和国民法典》《中华人民共和国国际海运条例》等与海事海关相关的新法规与新政策、世界技能大赛(货运代理项目)技术规范,以及船货代理、无船承运、陆海联运等业务中的创新实践融入新版教材。

(5)注重操作。在编写过程中,新版教材十分注重实务操作,通过每章开篇案例以及大量的实例、计算、图、表、流程来帮助学生理解相关的基本理论、基本概念及业务操作程序与技术,从而将理论性和实用性较好地结合在一起,真正体现"重在应用"。

I

（6）数字应用。新版教材使用二维码技术，通过二维码链接拓展的各类单证、保函、常用英文缩略语、各类相关法规等资源构建教材新动态，既有助于学生通过手机或平板电脑扫码自主学习，提高学习效率，又大大压缩了教材篇幅。

（7）适用性强。新版教材可作为高等院校国际航运管理、物流管理、物流工程、交通运输、工商管理以及相关专业的本科生、研究生（包括 MBA、EMBA）的教材，也可供相关企业培训业务人员之用。

新版教材作为 2023 年度中国物流学会物流教改教研课题（JZW2023343）的部分研究成果，在修订过程中参考、吸收、采用了有关专家和学者的研究成果，尤其是大连海事大学计明军教授倾情编写了部分章节，靳志宏教授担任本教材的主审并提出了许多宝贵建议，在此向他们致以崇高的敬意！同时，对房丽华、王嘉胜、包文祺、李林芮、杨哲、梁现珍、景奥严等博士及硕士研究生参与本书的调研、资料收集、文字核对工作表示衷心的感谢。

由于作者水平有限，本书难免有不足之处，敬请读者批评指正。

编　者

2023 年 11 月

第二版前言

本书的第一版自 2002 年出版以来，国际航运代理市场发生了较大的变化：一方面，国家放松了对国际航运代理业的管制并对海上货运代理纠纷做出了明确的司法解释。2003 年，我国国际货运代理行业由审批制改为备案制，并于 2005 年起对外资全面开放。2010 年，中华人民共和国交通运输部对无船承运人（NVOCC）增加了可选择投保"保证金责任险"的保险方式申请无船承运业务经营资格，同时实行运价本报备制度。2013 年，新修订的《中华人民共和国国际海运条例实施细则》明确规定，中资国际船舶代理企业取消审批，实施备案制度，同时取消了经营国际船舶代理业务的准入条件，增加了对国际船舶代理企业的处罚规定。2012 年 5 月 1 日正式实施了《最高人民法院关于审理海上货运代理纠纷案件若干问题的规定》，从而从法律及实践上可以更好地指导海上货运代理行业的发展，为各法院、仲裁机构处理行业纠纷提供了依据。另一方面，随着我国对外贸易的飞速发展和市场竞争的日趋激烈，国际航运代理已不再仅仅从事纯粹的代理人业务，而是以当事人的身份开展更为广泛的业务。尤其最近几年，许多国际航运代理在完善传统的海、陆、空货运代理及多式联运服务的基础上，纷纷提供外贸代理、保险代理、报关报检代理、展品运输代理、危险品运输代理等拓展服务，有的则向物流转型，提供现代物流服务，力争使自己成为现代物流服务的组织者和供应链的管理者。基于此，编著者对本书的第一版进行了修订，力图在第二版中体现以下特色：

（1）视角独特。从国际航运四大运营主体（国际船舶代理企业、国际海上货运代理企业、航运经纪人、无船承运人）作为代理人和当事人的视角，全方位地阐述国际航运代理的理论与实务。

（2）体系清晰。本书由国际航运代理单证与运费、国际航运代理运作流程、国际航运代理事故处理三篇，提单与海运单操作实务，国际航运代理单证操作实务，国际海上运输费用的计算与节省，国际船舶代理操作实务，国际海上货运代理操作实务，国际航运经纪操作实务，无船承运操作实务，国际航运代理权利、义务与责任，国际航运代理身份识别共九章组成，初步构建了相对完整的国际航运代理管理体系。

（3）操作性强。本书在编写过程中十分注重实务操作，通过大量的实例、计算和图、表、流程来帮助读者理解相关的基本理论、基本概念和业务操作程序与技术。本书另附有各类单证、买卖船文件、保函和国际航运代理常用英文缩略语，从而将理论性和实用性较好地结合在一起,真正体现"重在应用"。

(4)适用性强。本书既可作为高等院校国际航运管理、物流管理、物流工程、交通运输、工商管理以及相关专业的本科生、研究生(包括 MBA、EMBA)的教材,也适合于相关企业培训业务人员之用。

本书在写作过程中曾参考、吸收和采用了有关专家与学者的研究成果,在此向这些专家与学者表示衷心的感谢,亦对营口职业技术学院姚景芳副教授,大连海事大学唐丽敏教授、张赫副教授、程海燕博士,以及孙倩雯、张磊磊、张雪彤、李明泽、姜媚、杨佳、焦丰、张风春、王浩、党琴琴、许红香、翟飞飞、张婷玉等物流管理专业研究生参与本书部分内容的编写及文字核对工作表示衷心的感谢!

由于编著者水平有限,书中不妥之处在所难免,敬请同行专家和广大读者批评、指正。

编著者

2014 年 3 月

第一版前言

随着我国改革开放的进一步深入,国际航运代理行业在我国发展迅速,不仅业务范围已由最初的仅作为代理人、经纪人,为委托人提供租船、订舱、报关、报验、保险、仓储、船舶在港服务和集装箱管理等业务,拓展为充当独立经营人,按委托人的实际需要统一组织、协调、管理货物运输,起到了运输设计师、运输组织者和运输协调着的作用,而且服务领域也由最初的单一海运领域扩展到海陆空各种运输领域,除提供单一运输方式的货运服务外,还能提供多式联运服务和综合物流服务。与这种迅速膨胀的市杨和多家航运代理企业相互竞争的格局相比,有关国际航运代理方面的理论研究却显得相对滞后。到目前为止,尚未有一部完整地介绍国际航运代理业务方面的专业书。鉴于此,本书力图以国际海上货运代理业务和国际船舶代理业务为主线,从综合物流的角度出发,并结合目前国际航运代理企业实际业务操作情况,全方位地阐述国际航运代理的基本理论、实务性知识和操作规范。全书共分为九章,其各章的主要内容介绍如下。

第一章为国际航运代理业务概述。本章除了对国际航运代理产生的背景、发展过程及作用,不同的国际组织与国家有关国际航运代理含义的界定,国际航运代理的类型及特点进行分析比较外,还依据我国外经贸部颁布的《国际货物运输代理业管理规定》、铁道部与交通部联合颁布的《国际集装箱多式联运管理规则》、国务院最新颁布的《国际海运条例》等法律法规,以及我国加入 WTO 时对有关运输服务业方面所做的承诺,重点分析了我国国际航运代理的经营范围、设立条件、设立程序等。撰写本章的目的除了希望能推动人们对国际航运代理领域中的一些基本概念、基本理论和基本方法进行研究外,更重要的是有助于读者解决实际业务中经常遇到的诸如如何在国内设立国际货运代理公司或国际船舶代理公司等实际问题。

第二章为国际航运代理协议。本章重点介绍国际航运代理协议的类型、国际航运代理协议当事双方的权利与义务、国际航运代理的法律地位与责任、国际航运代理协议的基本内容以及国际航运代理关系建立的基本程序等。目的在于帮助读者学会如何起草各种类型的委托代理协议,如何正确确定不同情况下国际航运代理的权利与义务,以及如何识别不同情况下国际航运代理的法律地位与性质。

第三章为海运提单及其业务。国际海上货运合同与海运提单是承托双方必须遵循的行为准则,因而,无论国际航运代理是作为代理人还是作为独立经营人都必须对国际海上货运合同与海运提单的基本理论、基本内容予以熟练掌握。因此,本章简明扼要地介绍了提单的概念、种类、特征,承托双方的权利义务与责任等。本章力图避免现有专业书中大多从法律角度介绍提单的做法,而是将重点放在诸如如何正确识别各种各样的提单,如何正确缮制、签发不同类型的提单等实际操作和操作技巧方面。此外,为了便于读者熟练掌握该方面的业务知识,还在"无船承运人及其业务"一章中进一步对无船承运人提单、国际多式联运提单、转运提单、联运提单、转换提单的缮制及其流转程序等进行了详细的分析。

第四章为国际航运费收与计算。本章除了对海运费港口使费、货运代理费、船舶代理费、理货费、一关三检费等与国际航运代理业务有关的海运费、港杂费、代理费及其监管服务费的构成、计算方法、核收程序等进行了详细的分析介绍外,还以实例的形式探讨了国际航运代理节省运输费用的途径。

第五章为海上国际货运单证及其应用。国际海上货物运输不仅仅是货物的流通,它也是重要的信息流通。海上国际货运单证的制作及其流通的质量,直接制约甚至决定着国际海上货物运输的运行。本章不仅详细地对托运业务、箱管业务、交付业务、配载业务、理货业务等方面所常用的货运单证的性质、功能、流转程序及其缮制中应注意的事项进行了分析比较,而且还对海上国际集装箱进出口货运单证的流转程序以及海上国际集装箱 EDI 电子报文与流转程序做了简要的介绍。

第六章为国际航运代理业务操作流程。本章不仅详细地介绍了国际货运代理企业和国际船舶代理企业有关揽货、接受委托等市场营销方面的业务程序与技巧,还对国际海上货运代理企业从接受委托到办理租船、订舱、报关、报验、仓储、拆装箱、内陆运输、海上运输直到货交收货人等各个环节,以及国际船舶代理企业从接受委托到办理船舶进港、在港作业、离港等各个阶段的操作规则、具体操作程序、操作技巧做了详细的介绍。同时,还对箱管业务和特种货物运输业务做了简要的介绍。本章实际上体现了国际航运代理对前述各章所学知识的综合运用。

第七章为无船承运人及其业务。第六章介绍了国际航运代理以代理人身份开展经营活动时应掌握的操作规则和操作程序,本章则介绍了国际航运代理以承运人(无船承运人)、多式联运经营人身份开展经营活动时应掌握的操作规则和操作程序。本章除了对无船承运人的性质、特点、设立程序、经营范围等做了分析探讨外,还对无船承运人提单、转运提单、转船提单、联运提单、多式联运提单的性质、缮制、流转程序,以及集中托运业务、转运业务、国际多式联运业务等做了详细的介绍。

第八章为国际航运经纪人及其业务。本章是国际航运代理以经纪人身份或承租人身份开展经营活动时应掌握的操作规则和操作程序。本章除了对国际航运经纪人的法律地位与性质,以及目前常用的租船合同格式条款进行了分析外,还以实例的形式详细地介绍了租船经纪人从事租船业务的基本程序及应注意的事项。

第九章为案例分析。为了使读者尽快掌握抽象的理论、原理,并能灵活运用、举一反三,本章特选编了与海运提单、货代船代职责、代理协议、无船承运人、拆装箱等方面有关的典型案例,并做了简要的分析。

在本书即将出版之际,谨衷心感谢大连海事大学交通运输管理学院院长、博士生导师杨赞教授在百忙之中审阅全书并提出了宝贵的修改意见,也向为本书写作提供大量实务材料和咨询意见的有关企事业单位,尤其是中外运辽宁集团公司的诸位前辈和朋友,以及本书所参阅的所有文献的作者表示感谢。

撰写一部理论与实务融为一体,既有一定的理论深度,又有实用性、可操作性强的关于国际航运代理的书,是笔者的一大愿望。然而,限于水平,加之本学科涉及面广,很多问题尚处于探索阶段,因此,错误疏漏之处在所难免,恳请专家和读者不吝赐教。

作　者
2002 年 4 月

目 录

第一篇

国际货代篇

第一章

国际海运货代单证

[开篇案例] 国际货运代理的桥梁作用

国际货运代理行业是运输服务领域的一支重要力量,承担着整合国际运输全链条资源、促进国际物流降本增效、畅通国际商贸流通、服务外贸进出口发展的重要任务。据中国国际货运代理协会统计,截至 2022 年年底,中华人民共和国商务部备案系统中的国际货运代理企业数量为 86 915 家,同比增长 7.2%。其中,法人企业为 77 367 家,分支机构为 9 548 家,从业主体数量保持平稳增长。在 2022 年度营业额前 100 的企业中,14 家企业营业收入增长率超 30%,其中 3 家超 50%。

随着"一带一路"倡议的深入推进、RCEP 的生效实施、中欧班列持续开辟新通道等政策红利,我国外贸稳规模、优结构的条件和优势显著,成为我国国际货代物流行业高质量发展的支撑点和驱动力。当前,我国国际货运代理行业总体保持稳定,从传统单一业务模式向现代物流服务的改革提速,深度融入我国国际物流与供应链"保链稳链固链"进程中。

第一节　概述

一、国际海运货代概述

(一)国际海上货运代理企业的概念与分类

在我国,国际海上货运代理(Freight Forwarder)是指在商务部门备案、工商登记、注册资本 500 万元,并为发货人办理订舱、报关报验、托运,为收货人办理清关、接货及转运的人;或

国际货运
代理的产
生与发展

者以独立经营人身份开展多式联运,签发货代提单,提供门到门服务的人。

1. 按货源不同划分

(1)集装箱海运货代。据统计,目前,95%的海运货代企业的主营业务是集装箱代理业务。因此,集装箱海运货代几乎成了海运货代的代名词。

(2)散杂货海运货代。目前,专注于代办散杂货运输服务的海运货代企业,其数量较少。根据服务内容的不同,散杂货海运货代可分为专注于地面操作的港口代理和专注于租船订舱的租船经纪人。

2. 按业务性质不同划分

(1)操作性代理。它是指接受货主的委托,为其办理海运代理业务。根据服务内容的不同,可分为一般海运操作性货代、以报关报检为主的货代、港口转运代理。

(2)订舱代理。它是指接受船公司的委托,为其受理货主或其代理的订舱业务。可见,一般的订舱流程为:货主—海运货代(操作性代理)—订舱代理—船公司。如前所述,若按严格的职能划分,只有船舶代理企业才有资格成为订舱代理,然而,由于现行法规仅规定国际船舶代理企业享有代表船公司办理船舶通关及进出港靠离泊业务的专营权,因而,海运货代取得船公司的授权后,也可成为订舱代理。这也导致海运货代与船舶代理之间在业务内容上存在一定的交叉,因而也具有一定的竞争性。

(3)综合代理。目前,许多大型海运货代企业已由传统的、单一货运方式的代理服务延伸到多种运输方式一体化服务,由口岸代理服务转向以口岸为主向内陆货运网点辐射的网络型综合物流服务。

(4)无船承运人。在实践中,一些具有较高业务能力和较为完善的业务网络的海运货代企业已发展成为无船承运人或多式联运经营人,从而使其身份呈现多重性。

3. 按所有制结构不同划分

(1)国有或国有控股货代。包括由中远、中海、中外运等大型国有独资或控股经营的货代,以及由进出口贸易公司组建的、以"自货自代"为主的货代,如五矿国际货运有限公司等。

(2)外资货代。它是由国外船公司、货代、贸易公司独资或与国内外贸、运输企业联手合资创办的货代企业,因而,外资货代可分为中外合资货代和外商独资货代。

(3)民营或民营控股货代。它是指国内私营经济投资设立、控股的货代企业。它分为两大类:少数民营大型货代企业及数量众多的中小型民营货代企业。

目前,国有货代企业数量约占 20%,但从市场份额来看,国有或国有控股货代、外资货代、民营或民营控股货代占比分别为 40%、30%、30%。

(二)国际海上货运代理企业的业务范围

参照《中华人民共和国国际货物运输代理业管理规定实施细则》第 32 条规定,经批准,国际海上货运代理企业可经营下列部分或全部业务:

(1)租船、订舱、仓储、包装;

(2)货运的监装、监卸、集装箱拼装拆装、分拨、中转及相关的短途运输服务;

(3)代理报关、报验、报检、保险;

(4)缮制有关单证、交付运费、结算及交付杂费;

(5)国际展品、私人物品及过境货物运输代理;

(6)国际多式联运、集运(含集装箱拼箱);

（7）咨询及其他货运代理业务。

值得注意的是，按现行法规规定，经工商行政部门注册成立的货代企业，并不当然取得从事代理报关、报验、报检、保险以及无船承运的资格。换言之，货代企业还必须持营业执照及相关材料，分别到海关、金融监管、交通运输等主管部门办理相应的审批或备案手续，取得相关资格后，才能允许从事此方面的业务。

二、国际海运货代单证概述

国际海运货代单证是指从办理货物托运、装船到卸船和交付货物的整个海上货物运输过程，编制和使用的有关货物的单据、图表、文件。

图1-1为国际海上集装箱运输单证系统结构示意图。由图可见，海上货运单证具有以下特点：

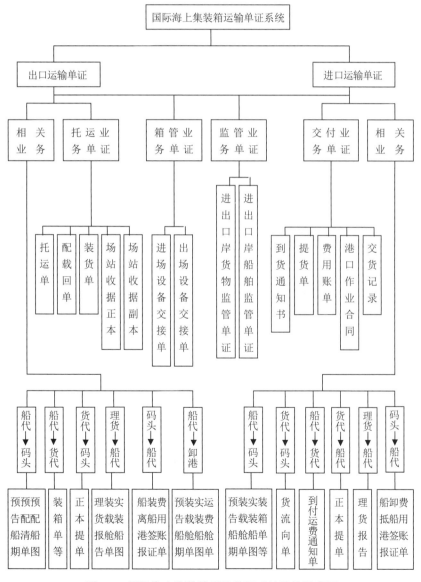

图 1-1　国际海上集装箱运输单证系统结构示意图

（1）既有描述载运工具、货物、集装箱状况及其动态方面的单证，也有涉及口岸监管，以及有关代理协议、运输合同、运输费用等方面的单证。

（2）既有统一规范的货运单证，也有非统一规范的货运单证。

（3）既有纸面单证，也有电子单证。随着计算机技术与通信技术的飞速发展，不仅传统纸面单证趋向于无纸化，而且也从根本上简化了单证的构成及其流转程序。

（4）与传统班轮杂货运输相比，一方面，海上集装箱运输使用的业务单证需要增加记载有关集装箱数量、箱型、箱号及交接方式等内容的栏目；另一方面，还需要增设与集装箱有关的箱管单证，比如装箱单、装箱证明单、设备交接单等。

第二节　提单业务操作实务

一、提单功能与类型

根据我国《海商法》的定义，提单（Bill of Lading，B/L）是指用以证明海上货物运输合同和货物已经由承运人接收或者装船，以及承运人保证据此交付货物的单证。基于上述提单的定义，表明提单具有合同证明、货物收据和物权凭证三大功能。

提单的种类繁多，可以基于不同的角度进行分类，比如，按印制者划分，可分为船公司印制的提单、行业协会印制的提单和运输代理印制的提单；按运输方式划分，可分为班轮提单、租船提单和多式联运提单。

1. 班轮提单

班轮提单（Liner B/L），是指班轮承运人为了履行班轮运输合同而签发的提单。

（1）班轮提单的正面内容

班轮提单正面除了包括当事人（承运人、托运人、收货人、通知人等）栏、运输项目（收货地、前程运输工具、装港、船名、卸港、交货地、目的地等）栏、货物方面记载栏等内容，除供货方缮制和承运方签署之外，还包括以下标准的契约文句。

班轮提单

①收货或装船条款。该条款表明承运人是在货物（集装箱）外表状况良好（除非另有说明）下接收货物和交付货物（或者装上船和卸下船）。如果是收货待运提单，则以"RE-CEIVED"开头；如果是已装船提单，则以"SHIPPED ON BOARD"开头。

②不知条款。此条款表明承运人只对货物的表面状况进行核实，对其内部状况并不知情，因此，承运人只是负责在目的地交付表面状况与提单描述相符的货物。提单上对此的措辞大致为："重量、体积、标志、号数、品质、内容和价值由托运人提供，承运人在收货（装船）时并未核对，这些也不构成提单合同的一部分。"

③提单效力与交付条款。该条款目的在于说明承运人签发提单的份数，以及凭其中一张提货后其余均失效，以提醒有关方注意。此外，有些提单上还增加递交正本提单条款，内容大致是："经承运人要求，本正本提单必须被恰当背书以便提货或换取提货单。"

④承认/接受条款。该条款声明货方已确认全部接受提单的条款，内容大致为："托运人、收货人和本提单持有人明白表示接受并同意本提单上，包括背面所载的一切印刷、书写

或打印的规定、免责事项和条件。"

⑤签署条款。该条款表明提单系由承运人或其代理签发。

（2）班轮提单的背面条款

班轮提单的背面主要包括以下条款：

①提单应具备的共同条款。一般班轮提单均具备如下条款：定义条款、管辖权条款、首要条款、留置权条款、承运人责任期间条款、承运人赔偿责任限制与免责、货方责任条款（如发货人申报货物内容的责任等）、运费及其他费用条款、索赔通知与时效、危险品、运输方式与运输路线条款、通知与交付、共同海损条款、新杰森条款、双方有责碰撞条款、美国地区条款等。

②集装箱提单所具备的条款。在适用于集装箱货的提单中，提单背面除了具备前述的共同条款外，还增加了舱面货选择条款，铅封完整交货条款，货物检查权条款，海关启封检查条款，货主自行装箱的集装箱，承运人集装箱、特种箱、冷藏箱、保温箱条款，以及分包人的赔偿、抗辩、免责与限制等适用于集装箱运输的条款。

③件杂货提单所具备的条款。在适用件杂货的提单中，提单的背面除了具备前述的共同条款外，还增加了舱面货、活动物和植物、重货和笨件、选港货、散货、多于一个收货人的货物、棉花、木材、铁和钢、冷藏货、集装箱货、驳船费、熏蒸等适用于件杂货运输的条款。

2. 租船提单

租船提单（Charter Party B/L）是船东或租船人为了履行租船合同而签发的提单。

3. 多式联运提单

多式联运提单（Multimodal or Combined Transport B/L），是多式联运经营人为了履行国际多式联运合同而签发的提单。

班轮提单、租船提单、多式联运提单的区别如表1-1所示。

租船提单

国际多式
联运单据

表1-1　班轮提单、租船提单、多式联运提单的区别

对比项目	班轮提单	租船提单	多式联运提单
是否已装船	是	是	否
印制单位	以班轮公司印制为主，且提单上大都印有班轮公司的名称	以行业协会印制为主，供会员使用	由货运代理或行业协会印制
提单运输栏目	装港、卸港、船名/航次	装港、卸港、船名/航次	收货地、前程运输工具、装港、卸港、船名/航次、交货地
提单背面条款	详细列明	不详细列明	详细列明
租约并入批注	否，如批注，则变为租船提单	加批	否，如批注，则变为租船提单
提单签发人	承运人、船长或其代理	船东、船长、租船人或其代理	承运人、船长或其代理
适用UCP600	20条	22条	19条

在实务中，提单大多按"一式两用"的方式印制，比如，用于集装箱运输的集装箱提单大都以"港到港或多式联运"（Port to Port or Multimodal Transport）为提单的"标题"，以表明本集装箱提单兼具直达提单和多式联运提单的性质，同时在提单中设置专门条款，按"港到

港"运输和多式联运分别为承运人规定了不同的责任。这种做法固然用途广泛，但因不同类型的提单，其制作要求不同，因此，在制作阶段必须识别提单的类型，并按其要求予以制作。

二、提单的制作

关于班轮提单，其制作应符合 UCP600 对班轮提单（Liner B/L）的基本规定（见表1-2）。

中英文版
UCP600.

表 1-2　UCP600 对班轮提单（Liner B/L）的基本规定

应具备的基本条件	1.注明承运人的名称并由承运人、船长或其具名的代理签署 2.注明确定的船名（即已装船提单 ON BOARD B/L） 3.注明确定的装港和卸港 4.开立全套（可以是仅有一份或多份）正本提单 5.其他方面符合信用证规定
在符合以上基本条件的前提下，银行不拒受的单据	1.注明将发生转船者，除非 L/C 规定禁止转运 2.注明不同于装货港的接受监管地及/或不同于卸货港的最终目的地或者注明"预期船"或"预期装港或卸港"等。只要提单上加注了确切的船名、装港、卸港即可 3.提单抬头为"联合运输提单""多式联运提单""联运提单""转船提单"者 4.使用简式提单或以托盘或集装箱等方式运输所签发的提单 5.加注"重量数量等不知条款"的提单，除非 L/C 另有规定 6.货物可能装于舱面，但未特别注明已装或将装舱面的提单，除非 L/C 另有规定 7.表明以信用证受益人以外的一方为发货人或收货人的提单 8.注明诸如装卸费等运费以外附加费用的提单，除非 L/C 禁止接受
银行拒受的单据	1.注明"租约并入条款"的，即租船提单 2.以运输代理身份签发的货代提单 3.舱面提单，除非 L/C 明确规定接受 4.不清洁提单，除非 L/C 明确规定接受 5.未背书或漏签章的提单 6.迟（过）期提单，除非 L/C 另有规定 7.在预付运费提单下，注明"运费可预付"或"运费应预付"提单 8.L/C 禁止转运时提单注明将发生转运者，但对于提单证实货物已由集装箱、拖车及/或子母船运输，并且同一提单包括海运全程运输，及/或含有承运人声明保留转运权利条款者，银行仍予以接受

（一）货主栏目的制作

1. 托运人（Shipper）

UCP600 并不要求托运人（Shipper）是实际的发货人，也可以是收货人或货运代理或无船承运人等。然而，如贸易合同约定提单托运人为买方或者其他第三方，卖方如接受，需绝对谨慎，尤其在 FOB 出口合同下更是如此。

【案例 1-1】实际托运人放弃成为提单上的托运人可能面临的风险

2022 年 1 月，某北京贸易公司（以下称北京公司）与新加坡一家贸易公司（以下称新加坡公司）订立黑豆的出口合同，价格条件为 FOB 天津，目的港为印度尼西亚雅加达港。北京公司交由某船务公司（以下称船务公司）之 W 船承运，为了满足新加坡公司通过其开证行所开出的信用证的要求,北京公司向船务公司在装港的代理人——某船舶代理公司申请,要求在代表上述货物提单的托运人栏内填写新加坡公司的名字,为此,该船舶代理人代表承运人签发了以新加坡公司为托运人的凭指示提单。在船舶抵达目的港后,不见提单持有人前来提货,港方又不准谷物类储存,为此,承运人依提单上托运人的声明将上述货物交给了收货人。然而,北京公司却因未能在信用证有效期内向银行交单收款而被银行拒绝付款并退回所递交的正本提单。北京公司依据所持有的全套正本提单,以无单放货为由向法院起诉承运人及其代理。法院审理后认为:北京公司虽持有正本提单,但该提单为指示提单,托运人是新加坡公司,提单未经托运人背书,北京公司未能证明其具有提单合法当事人的地位,因而,北京公司没有诉权。

【案例研讨】此案中卖方的哪两个致命错误使其货款两空?

2. 收货人(Consignee)

收货人亦即提单的抬头人。根据记载的不同,提单的抬头可以分为记名抬头、不记名抬头和指示抬头。

(1)记名抬头:即提单的收货人栏必须填明收货人的姓名或名称,比如,"Consigned to ABC CO."。这种提单称为记名提单(Straight B/L),亦称"收货人抬头提单"。

(2)不记名抬头:即在提单的收货人栏内不填写具体收货人名称或只填写"交与持票人"(To Bearer)。这种提单称为不记名提单(Blank B/L 或 Open B/L 或 Bearer B/L)。

(3)指示抬头:即指在提单"收货人"栏内填写"凭指定"(To Order)或"凭××人指定"(To Order of ××)字样,意即承运人凭指示付货。这种提单称为指示提单(Order B/L)。通常指示提单又可分为记名指示提单和不记名指示提单两种。记名指示提单是指在提单"收货人"栏内填写"凭××指示"(To Order of ××)字样,指明该提单的指示人是谁。常见的记名指示人有托运人(Shipper)、收货人(Consignee)、开证人(Applicant)、开证行(Issuing Bank)。不记名指示提单(To Order B/L),即在提单的"收货人"栏内只打"Order"字样即可。

3. 被通知人(Notify Party)

(1)如果是记名指示提单或收货人指示提单且收货人又有详细名称和地址时,此栏可以不填。

(2)如果信用证有具体规定,应严格按信用证规定缮制,如信用证有详细地址、电话、电传等号码时,务必不能漏填,否则可能造成货到后的通知麻烦,议付行也可能以单证不符为由拒绝付款。

(3)如果信用证规定:仅通知××人(Notify … Only),则缮制时"Only"不能漏掉。

(4)如果信用证未规定被通知人,则提单中的相关栏位可以空白,或以任何方式填写,如可将信用证中的申请人名称、地址填入被通知人栏中[参见《关于审核跟单信用证项下单据的国际标准银行实务》(ISBP745)提单下第 14 条第(2)款]。

(5)在贸易合同没有规定收货人和被通知人时,收货人栏可保持空白或空白抬头,而被通知人栏填写买方的名称与地址。

(6)在极少数的交易中,可能出现要求既空白收货人栏,又空白通知人栏,这是由于买方准备买卖在途货物,制作单据时要在副本单据的通知人栏中填写买方或开证申请人的名称或地址。

（二）运输栏目的制作

如前所述,当国外开来的信用证要求提供海运提单(Marine/Ocean B/L),而船公司用多式联运提单制作港至港提单时,前程运输工具、收货地、交货地三个栏目不得填写内容,仅需对以下三个栏目进行制作。

1. 船名及航次号(Ocean Vessel & Voyage No.)

UCP600 要求船名必须是确定的船名,而不能是预期的或待定的,因此,如果是预期船名,需要在装船批注中加注确定的船名(详见提单批注一节)。至于航次号由承运人自行编排,没有航次的可以不填。

2. 装货港(Port of Loading)

UCP600 要求装货港必须是确定的港口,而不能是预期的或待定的,因此,具体缮制时注意以下几点:

(1)应严格按照信用证的规定填写,如启运港之前或之后有行政区的,应照加,比如:"XINGANG/DALIAN"。

(2)如信用证只笼统地规定启运港名称,如"ANY CHINA PORT",在填制时必须填入具体港名,且其应当位于该地理区域或港口范围之内[参见 ISBP745 提单下第 6 条第(7)款]。

(3)如信用证同时列明几个启运港(地),如"XINGANG/TIANJIN/TANGSHAN",此种表示为卖方选港,制单时应只填一个,即实际装运的港口名称。

(4)如果在提单上注明的是预期装货港,在装船批注内应注实际装货港(详见后面的提单批注部分)。

(5)如果启运港有重名的,应加注地区名以资区别,如"XINGANG/DALIAN"或"XINGANG/TIANJIN"。

(6)有的国外来证对中国某些港口名称的译法还用以前老的叫法,而不是用现在的汉语拼音法。比如,广州译为"KWANGCHOW",对此,必须严格地按信用证上所译的打,不可改成汉语拼音的译法,否则会造成单与证不符。

3. 卸货港(Port of Discharge)

UCP600 要求卸货港必须是确定的港口,因此,在缮制时注意以下几点:

(1)如果信用证规定了卸货港的地理区域或范围(如"任一欧洲港口"),则提单必须表明实际的卸货港,而且该港口必须位于信用证规定的地理区域或范围之内(参见 ISBP745 第 10 条)。

(2)如果信用证规定目的港为"Negoya/Kobe/Yokohama",此种表示为卖方选港,则制单时只打一个即可。但是如果来证规定"Option Negoya/Kobe/Yokohama",这种表示为买方选港,制单时应按次序全部照打。即在卸货港栏中填上"Option Negoya/Kobe/Yokohama"。而且,收货人务必在船舶到达第一卸货港前船公司规定的时间内通知船方卸货港,否则船方可以自由选择其中的任何一港卸货,选择港至多不能超过 3 个,而且应在同一航线上。

(3)目的港不能打笼统的名称,如"European main port",必须列出具体的港口名称。如国际上有重名港口,还应加注国名或地区名。

(4)如果信用证规定某港口,同时又规定具体的卸货码头,如"Butterworth/Penang Georgetoan/Penang"等,Butterworth 和 Georgetown 都是槟城的不同的卸货码头,制单时应照打。

（5）如果信用证规定目的港处有"Free Port"（自由港）、"Free Zone"（自由区），制单时应照打。买方可以凭此享受减免关税的优惠待遇。

（6）如果来证目的港后有"In transit to…"，即货物在某国卸货后，使用其他运输方式转运至进口国，则目的港名称（过境国港口）后面必须注有"In transit"字样，否则将被征收额外的税金。

（7）如果原信用证规定目的港为某港口，例如 Victoria，价格条件为 CFR Victoria，后来价格条件修改为 CFR Boston，而目的港未提，则目的港可视作相应修改。

(二)货物栏目的制作

1. 标志与号码、集装箱号/铅封号（Marks & Nos，Container/Seal No.）

货物标志与号码，亦称货物唛头，是提单与货物的主要联系纽带，也是收货人提货的重要依据。

在实际业务中一般有以下三种情况：

（1）正常唛头。正常唛头一般有1个，有时也能有2个或3个。对于正常唛头，提单应完全按所提供的样式制作。

（2）无唛头（No Shipping Mark）。在国际贸易中有些货物的托运由于某种原因无法或无须刷唛，比如，散装货即没有唛头。在这种情况下，提单此栏可注明"无唛头"（No Shipping Mark）字样或注明："N/M"字样，但不可空白。由于裸装物通常以不同的颜色区别，例如，钢材、钢条等刷上红条标志，则在该栏内填上"Red tripe"表示。

（3）贴唛。在运输有些货物时，由于货物的唛头较多而无法打完，此时托运人可以将唛头打于白纸上，然后将其贴于提单上，以此方法来制单。此时，托运人必须准备打印好的唛头纸一式多份。在缮制提单时，唛头一栏可以空白，而将所提供的唛头纸贴于唛头栏空白处。

此外，对于集装箱货物，应注明集装箱箱号和海关查验封箱的铅封号，同时还往往加注集装箱的交付方式，以便于核对、查询和分清责任。比如，对于整箱货，制单时，在集装箱号与铅封号之后应加注"FCL/FCL"或"CY/CY"等；对于拼箱货，则应加注"LCL/LCL"或根据不同情况，也可加注"LCL/FCL"等，或者加注"CFS/CFS""CFS/CY"等。比如，"40′: VS-RU2111012/233015 CY/CY"。

2. 箱数/件数（Number of Containers or Packages）

此栏填入所托运货物的最大包装数量，而并非技术测量的数量，比如，出口货物为30万码花布，分别用粗布坯布捆成300扎，则此栏应填入300扎而不是30万码。

如果是集装箱装运，既可仅注明集装箱数量，如"6 Containers"等，也可同时注明集装箱内小件数量，然而，根据我国《海商法》的规定，如未记载箱内件数，一旦将来发生货损货差，则箱内货物视为1件，显然，不同的记载会产生不同的赔偿结果。

【案例1-2】某船公司从广电公司揽到1 000台电视机，SOC（货主箱）为5×20′，COC（船公司箱）为5×20′。每个箱子里配100台电视机。船公司把这10个箱子全配在甲板上，但绑扎上出了问题，导致10个箱子全都掉到海里。假设该公司由3个制单员批注了提单，这3个人批注了不同的 B/L。

第一个：提单上未记载箱内件数；

第二个：提单上记载了箱内装载 100TV/TEU；

第三个：提单上记载了箱内装载 10 个托盘，10TV/托盘。

【案例评析】

以上每种情况下电视机应按几件赔偿？哪种对船公司最为有利？

第一种情况下：货物 10 件，箱 5 只；第二种情况下：货物 1 000 件，箱 5 只；第三种情况下：货物 1 000 件，箱 5 只，托盘 100 个。显然，按第一种情况下的批注最为有利。

3. 包装种类及货名（Kind of Packages and Description of Goods）

（1）包装种类应填写外包装，在提单上不能加注关于包装状况的陈述，如"新袋"（New Bag）、"旧箱"（Old case）等。

（2）凡危险品必须写清化学名称，注明国际海上危险品运输规则号码（IMCO CODE PAGE）、联合国危规号码（UNCODE No.）、危险品等级（CLASS No.），冷藏货物则需要注明所要求的温度。

（3）有些国家对货物名称有特殊要求，比如，墨西哥要求提单上的货物名称必须用西班牙文表示。

4. 毛重（Gross Weight）

本栏填写货物的毛重总数，如有必要按货名、规格或包装种类不同而需将整批货物分别列明时，应列出每项的毛重，然后列出合计重量总数。除非信用证特别规定，否则均以千克（kg）为计量单位，数值保留三位小数。

5. 尺码（Measurement）

本栏填写货物的体积，如同毛重一样，如有必要则需分项列明，再列出总体积。除非信用证有特殊规定，否则以立方米（m³）为计量单位，且数值保留三位小数。

6. 总箱数/货物总件数（大写）[Total Number of Containers and/or Packages（Capitalization）]

总箱数或总件数是指本提单项下的总箱数或货物总件数。句首用"SAY"，句尾用"ON-LY"，并且必须用大写字母表示的集装箱的总箱数或货物的总件数。

（四）运费等栏目的制作

1. 运费支付情况的 6 种填法

一般提单上的运费支付情况有以下 6 种填法，采用哪一种要根据信用证的提单条款而定，绝不可混用。

（1）运费预付（Freight Prepaid），此类提单称为运费预付提单（Freight Prepaid B/L）；

（2）运费付讫（Freight Paid）；

（3）运费到付（Freight Collect），此类提单称为运费到付提单（Freight Collect B/L）；

（4）运费在目的港支付（Freight Payable at Destination）；

（5）运费按安排支付（Freight Payable as Arranged）；

（6）运费根据租船合同支付（Freight Payable as Charter Party）。

2. 制作时应注意的事项

（1）如果信用证要求提单注明运费已付或到目的地支付，则提单必须有相应标注。

（2）除了新加坡、印度尼西亚、马来西亚和柬埔寨等国有的来证要求标注运费金额，提单应表明运费的计算、数额及支付地点等之外，其他情况下提单中均不填写这些项目，仅需注明运费支付方式：预付还是到付。

（3）有时，虽然是 FOB 价格，但信用证规定：提单注"运费预付"，这说明运费由卖方代买方支付,在买方同意运费在证外支付的情况下提单应照打。

(4)如果船公司视运费率为珍贵的商业秘密而不愿透露,或卖方向买方保密运费金额时,提单可注:"运费已按约定付讫"(Freight Paid as Arranged)。

3. 提单批注与承运条款冲突时,以提单批注为准。

【案例1-3】运费支付方式与承运条款和条件的内容相矛盾

信用证要求提交一份标记(marked)"运费预付"的提单。开证行拒付,依据是"提单上关于运费预付的内容自相矛盾。"该提单既有"运费预付"的批注,同时在提单表面上又印有标准的条款和条件:"对于运费预付的提单,只有支票变现才可交付货物。"

分析:该提单没有不符点。原因是UCP600第20条a款v项规定,载有承运条款和条件,或提示承运条款和条件参见别处(简式/背面空白的提单),银行将不审核承运条款和条件的内容。显然,银行无权审核提单上所载的承运条款与条件的内容。

【案例1-4】相互矛盾的运费支付方式

2021年10月31日,中粮公司与豫新公司签订代理进口大米合同,由中粮公司代理豫新公司进口10 000 t越南大米。11月1日,中粮公司与香港港富兰公司签订合同,约定由港富兰公司提供10 000 t越南大米,价格条件为CIF黄埔港。12月11日,港富兰公司程租天福公司所属"天元星"船承运该大米,租船订租确认书约定运费预付,并于提单签发后3天内支付运费。因装货速度较慢,以致"天元星"船在装港发生滞期费约13万美元。2022年1月21日,港富兰公司向天福公司支付了10万美元。1月25日,天福公司要求港富兰公司确认所支付的款项为滞期费。2月2日,港富兰公司确认该款项为滞期费,并提出将运费支付方式由预付改为到付,还承诺如果船舶抵达目的港收货人不支付运费和滞期费,出租人可以扣押船载大米。据此,天福公司签发了一式三份"康金"租船提单,其上载明"收货人:凭指示,通知方:中国粮油进出口公司",在发货人对货物描述栏内写明"运费到付(FREIGHT TO COLLECT)",同时,在该栏左下角,提单格式中的预留空白处打印了租船合同日期,形成了"运费根据2021年12月11日签订的租船合同支付,运费预付(Freight payable as per CHARTERPARTY dated DEC. 11,2021, FREIGHT ADVANCE)"。船到目的港卸货后,天福公司依据提单上记载的到付运费及租船合同并入条款,向法院申请扣押并拍卖存放于广东外运码头公司仓库的"天元星"船卸载的1 800 t大米,并要求收货人支付运费及装港滞期费等费用约22万美元。

【案例评析】

(1)本提单记载两个相互矛盾的运费支付方式:运费到付与运费预付,而且两批注后面均没有注明日期,收货人根据应对企图获利的一方严格解释的合同解释规则,认为应解释为运费预付优于运费到付;承运人则认为应为运费到付。你认为应以哪一批注为准?

应为运费到付。收货人提出的适用原则一般仅用于无法确定它们之间的先后顺序的情况。在本案中,根据租船合同签订的时间在前、提单的签发时间在后的事实,应认定运费到付的约定在租船合同的运费预付约定之后。根据后约定的优于前约定的合同解释原则,运费到付记载应视为对租船合同中运费预付的约定的修改,应认定运费到付为有效,对提单持有人具有约束力。

(2)收货人以CIF条款下买方没有义务支付运费作为抗辩的理由是否成立?

不成立。因为CIF价格条款下是由买方还是卖方支付运费属于贸易合同方面的事情,与运输合同无关,承运人并无维护贸易合同公平履行的义务,只需在提单上注明运费到付以告知提单受让人在提货时须交付运费就足够了。

（3）收货人有无义务支付装货港发生的滞期费？

无义务。因为提单中未明确记载提单持有人应承担在装货港发生的滞期费。

（4）本案收货人的失误之处？

审单不慎，接受了载明运费到付的提单，对提单内容未提出异议，从而不得不再一次支付运费。

三、提单的批注

（一）转运批注

1. 国际贸易合同中对转运的规定

国际贸易合同中转运的规定有两种：一是准许转运，另一种是禁止转运。具体分四种情况：

（1）准许转运（Transhipment is Permitted or Allowed）；

（2）除了在以色列港口外准许转运（Transhipment is Permitted Except at Israel）；

（3）准许在大连转运（Transhipment at Dalian Allowed）；

（4）禁止转运（Transhipment：Prohibited or Not Allowed，or Not Permitted）。

2. 提单"转运"批注要点

（1）如信用证没有规定是否可以转运，按"UCP600"条款规定，应视为可以转运，因而，可以在提单上批注"转运"字样。

（2）信用证准许转船而实际又须转运者，应在卸货港栏内注明转运港口名称，或在货名下面加注转运说明。

（3）如果信用证规定只准在某港转运或不准在某港转运，制单时应注明实际转运港口，以示符合信用证要求。

（4）如果信用证规定允许转运，又规定途经（Via）某港口，则可在此港转运，制单时应照办。如来证规定禁止转运，则"途经某港"仅指航线，制单时也应加注。

（5）在海上运输中，转运是指信用证规定的装货港到卸货港之间的海运过程中将货物从一艘船卸下再装上另一艘船。信用证下的"禁止转运"的规定仅适用于非集装箱货物，而不适用于以下情况：一是背面印有"载有承运人保留转运权利"条款的提单；二是非发生在装货港和卸货港之间的转运；三是集装箱货物。不过，对于集装箱货物，信用证"禁止转运"的规定不予以理会的前提是：一是采用集装箱运输且在提单中注明；二是注明货物将被转运；三是提单涵盖全程运输。

【案例1-4】某L/C规定，装运港上海，目的港曼谷，集装箱运输，禁止分运和转运。出具全套清洁已装船提单。受益人单据被银行拒付，原因：一是提交的是联合运输提单；二是L/C规定禁止转运，而提单记载货物经香港转运到曼谷。试问银行是否可以拒付？

【案例1-5】提单上未注明"转运"的后果

2020年8月4日，烟台土产公司从美国杜邦公司购买68 t氰化钠，价格条件为CIF烟台，总金额为93万美元。9月2日，货物装船后，船公司签发了提单，提单记载的装货港为美国圣保罗，卸货港为中国烟台。9月29日，船公司青岛代理向烟台土产公司发出到货通知，通知其货物已于9月25日抵达青岛港，要求凭正本提单到青岛办理提货手续。因提单上记明的卸货港为烟台,而氰化钠属于剧毒危险品,青岛海关不允许办理转关手续;如要在青岛提货,只能办理清关手续。烟台土产公司为此传真杜邦公司:在杜邦公司支付18 000 美金作为清关等费用的前提下,同意在青岛提货。10 月 8 日,船公司函告烟台土产公司,在烟台土产公司不能提出更好的解决办法的情况下,船公司决定将货物退运至日本,再由日本转运至烟台。11 月 3 日,船公司将上述货物从青岛经由日本运抵烟台。烟台土产公司认为由于船公司的不合理绕航,使货物比预计时间晚一个多月到达烟台,给其造成了严重的经济损失,故向船公司提出索赔。

【案例评析】

(1)船公司辩称:由于船公司在承运本案项下货物时,没有直接到达烟台港的航线,货物要运至烟台港只能经由日本转运,因此选择了“圣保罗—青岛—日本—烟台”这一习惯航行路线。根据我国《海商法》的规定,承运人按照习惯航线将货物运往卸货港的,不能构成不合理绕航。此辩称正确否?

错误。船公司在承运本案项下的货物时,虽然没有直接到达烟台的航线,但是在双方对航线没有约定的情况下,则应按照习惯的或者地理上的航线将货物送至卸货港。而船公司却只顾自己的便利和利益,先将货物运至青岛,在收货人不同意在青岛提货的情况下,才将货物退运至日本,然后,再转运到烟台。船公司该种行为显然构成不合理绕航,则其即应对收货人因此而遭受的经济损失承担赔偿责任。

(2)本案船公司的主要失误是什么?

在无直达烟台航线的情况下,没有在提单上批注在青岛、日本转运。

(二)承运人免责批注

为了保护自己的利益,承运人有时会在提单上加批相关的免责批注,但这类免责条款是否有效还需结合相关法律的规定来确定,不能一概而论。

1. “数量、重量、内容不知”批注

目前,提单上普遍事先印就或事后加批诸如“托运人装载和计数”“内容据托运人报称”(SAID TO CONTAIN,STC)或类似的措辞。这类条款通常称为“不知条款”(UNKNOWN CLAUSE)。

针对提单上加批的“不知条款”,UCP600 第 26 条(b)规定:“载有诸如‘托运人装载和计数’或‘内容据托运人报称’条款的运输单据可以接受(A transport document bearing a clause such as “shipper's load and count” and “said by shipper to contain” is acceptable)。”显然,UCP600 认为可以接受。

【案例 1-6】相互冲突的批注

2021 年 11 月 22 日,大华公司与万里公司签订 4 份进口合同,约定大华公司向万里公司进口氨纶丝 36 t,CNF 中国港口。上述货物由中运公司承运。2021 年 12 月 4 日,货物在韩国釜山装船,中运公司代理签发了已装船提单。提单上记载:收货人凭指示,通知方为大华公司,交货地福建泉州,运输方式 CFS/CY,货物为 A 级氨纶丝(纺织用),货物装在 20 ft集装箱内,同时批注:“托运人装箱和计数”和“据说装有”的批注,提单记载重量为 36 t。该提单经数次背书后,最终转让至福建外贸。货物抵达福建泉州并卸至集装箱堆场后,福建外贸申请进口报关,经海关查验发现集装箱内装的是涤纶丝而非申报的氨纶丝,后申请商检对货物进行检验,认定集装箱箱体无损,铅封完好,装载货物的纸箱上标有涤纶丝字样,箱内货物为涤纶丝。福建外贸因箱内货物与提单记载不符合而拒收货物。海关则因福建外贸申报品名与实际不符，将上述货物予以拍卖，并对福建外贸予以处罚。为此，福建外贸对中运公司提起诉讼，要求中运公司按照提单及有关单证上记载的货物名称交付货物或赔偿等价的货物损失。

【案例评析】

(1)提单上记载的内容有冲突时承运人的责任如何认定？承运人是否应承担责任？

当提单上记载的内容有冲突时，应采取对承运人不利的解释。因此，应认定"托运人装箱和计数"和"据说装有"批注无效，而 CFS/CY 批注有效，即承运人负责装箱事宜，同时应保证实际装箱货物的信息，比如，货名、件数、体积等与提单上的记载完全一致，并有义务按提单表面记载向善意的提单持有人——福建外贸交付货物。据此可知，对于提单持有人而言，承运人应承担责任。

(2)本案承运人应吸取哪些经验教训？

一是最好从事整箱业务；二是在从事拼箱业务时，应选择资信良好的装拆箱代理，以便能做好货物的接收、装载与交付，并如实进行提单批注。

【案例1-7】数量短少未批注

2022 年 6 月 11 日，某船公司所属的 E 号货轮在青岛港卸下全部货物。青岛外轮理货公司经理货后，确认与提单上记载的数量相比，短少 5 564 袋，净重 278 t，价值 128 528 美元。损失发生后，中国收货人作为提单持有人向该船公司提出索赔。该船公司辩称：在古巴的圣地亚哥港装船后，已就托运人在提单上提供的货物件数和重量不实这一情况，向托运人发出了书面声明，托运人已为此致函船长，表示承运人无须对货物抵达卸货港后所出现的任何情况负责。船长正是在托运人做出这样的承诺之后才未就上述情况做任何批注而签发了提单。而且，承运人在签发提单后曾向收货人函告提单上载明的货物件数和重量与实际装船的件数和重量不符。

【案例评析】

(1)该船公司是否应承担货物短少责任？

承担责任。我国《海商法》第七十七条明确规定："承运人向着善意受让提单的包括收货人在内的第三人提出的与提单所载状况不同的证据，不予承认。"

(2)该船公司向收货人发出提单上载明的货物件数和重量与实际装船的件数和重量不符的函件，可否构成对所签发提单的货物数量的修正？

不构成。原因是并没得到收货人的书面认可。当然，收货人通常不会予以书面认可，否则会使自己处于两难境地：一方面，必须根据信用证规定支付货款；另一方面，会面临该船公司的拒赔。

2. 甲板货的批注

在海上运输中，因其需要，有些货物如危险品、活动物等，只能装在甲板上，有些货物因体积过大或舱位不足而装在甲板上。如果提单上注明货物装于舱面，则此类提单往往被称为甲板提单"(On Deck B/L)，或"舱面提单"。

(1)UCP600 第 26 条(a)规定："运输单据不得表明货物装于或者将装于舱面。声明可能被装于舱面的运输单据条款可以接受(A transport document must not indicate that the goods are or will be loaded on deck. A clause on a transport document stating that the goods may be loaded on deck is acceptable)。"这表明，除非信用证特别约定，银行不接受甲板提单，但声明

可能被装于舱面的提单除外。

（2）在实际业务中，为了避免承担责任，许多承运人在签发提单时，除了加批"货装甲板"字样外，还往往加注相应的免责条款，比如，"Shipped on Deck at Shipper's Risks"或"Cargo Shipped on Deck。Carrier Not Responsible for Losses Arising Therefrom"等。

（3）值得注意的是，承运人不得擅自将货物装于舱面，否则不但要承担赔偿责任，而且还将免除相关国际公约或法律所给予的承运人责任限制的权利。但以下三种情况除外：一是承托双方事先约定允许货装于舱面，二是因商业习惯而允许装于舱面的货物（比如，集装箱货物、木材），三是有关法律法规规定必须装于舱面的货物（如某些危险货物）。

【案例1-8】我国某船公司为国内一企业承运进口化学物品，承运人将其装于甲板上，但并未在提单上注明货装甲板。因航行中天气恶劣，有一部分货物落入海中。当收货人向承运人索赔时，承运人称该货物属于甲板货，不属承运人的责任范围，拒绝赔偿。

【案例研讨】试分析根据我国《海商法》，承运人是否应赔偿收货人的损失？为什么？

【案例1-9】某船公司装运集装箱货物运往加拿大，运输合同规定使用集装箱船承运，但承运人未经托运人同意，擅自将部分集装箱货物装于一艘杂货船的甲板上，后因该杂货船失事，导致该部分集装箱货物灭失，当货主索赔时，承运人提出享受责任限制，即承运人的赔偿责任限制在一定范围内，而不是按实际损失赔偿。

【案例研讨】此案应如何处理？如果采用全集装箱船，则本案的处理结果有无变化？只要货装舱面，则提单上就必须载明"装于舱面"的字样吗？

3. 货物不良状况的批注

如果承运人在提单上加上了有关货物及包装状况不良或存在缺陷等批注，则该提单构成不清洁提单（Unclean B/L 或 Foul B/L）；反之，则称为清洁提单（Clean B/L）。

值得注意的是，根据国际航运公会（International Chamber of Shipping, ICS）的规定，下列批注不构成不清洁提单：

（1）没有明确表示货物或包装不能令人满意的字句，如"旧箱""旧桶"等；

（2）强调承运人对因货物或包装性质所引起的风险不承担责任的字句；

（3）承运人否认知道货物的内容、重量、体积、品质或技术规格的字句。

由此可见，只有附有明示货物或包装缺陷的附加条文或批注的提单，才构成不清洁提单。至于有关数量短少方面的批注并不构成不清洁提单。

UCP600 第 27 条规定，银行只接受清洁运输单据。此外，UCP600 进一步明确："清洁"一词并不需要在运输单据上出现，即使信用证要求运输单据为"清洁已装船"的。

正因为银行拒绝接受不清洁提单，因此，在实践中，为了结汇，发货人往往通过出具保函以换取清洁提单。

关于保函的法律效力，《海牙规则》和《维斯比规则》都没有做出规定。《汉堡规则》第一次就保函的效力问题做出了明确的规定。《汉堡规则》第 17 条规定，保函是承运人与托运人之间的协议，不得对抗第三方，承运人与托运人之间的保函，只是在无欺诈第三方意图时才有效；如发现有意欺诈第三方，则承运人在赔偿第三方时不得享受责任限制，且保函也无效。

【案例1-10】2020 年 3 月 11 日，原告新疆钢铁公司以 CFR 价格从国外杜菲克公司购买5 000 t 冷轧钢卷，信用证要求卖方提交全套三份清洁已装船提单。货物装船后，卖方凭船公司签发的提单取得了货款，而收货人新疆钢铁公司在目的港提货时发现该批冷轧钢卷表面生锈与破损,已严重影响使用及销售,为此向船公司提出索赔。经查,收货人持有的船公司提单上同时打印有"清洁已装船"(CLEAN ON BOARD)和"外包装空气锈蚀,少数绑带破损和灭失"(ATMOSPHERIC RUST ON OUTER PACKING,FEW BROKEN BANDS,MISSED),船公司对此的解释为,提单是由卖方制作后交由船公司代理签发的,"清洁已装船"系卖方预先打印在提单上,而船方在发现货物表面状况存在问题后又在提单上做了"外包装空气锈蚀,少数绑带破损和灭失"的批注。

【案例评析】

(1)涉案提单是否"清洁"?

不是清洁提单。对于既有"清洁已装船"的记载,又有包装锈损的批注的提单,相关国际条约和法律并没有做出规定,依据我国《海商法》第二百六十八条第二款的规定,此情形可以适用相关的国际惯例,即《跟单信用证统一惯例》的规定。根据 UCP600 的规定,一旦承运人在运输单据上对货物及/或包装有缺陷进行了批注,即使该运输单据上有"清洁已装船"字样,银行也不应认为此运输单据符合"清洁已装船"的要求。因此,被告在本案中所签发的提单虽有"清洁已装船"的文字,但根据 UCP600 的规定此提单仍是一份不清洁提单。

(2)涉案提单与买方损失之间是否存在因果关系?

没有因果关系。由于是不清洁提单,开证银行在接受此套提单时应向买方做出提示,买方可以此作为信用证的不符点予以拒付。因此,船公司签发的提单并没有致使买方丧失依据信用证约定拒付货款的权利,买方在本案中实际接受了此套提单并支付了货款与船公司所签发的提单之间并无直接的因果关系。

【案例 1-11】某远洋运输公司在承运 6 000 t 白糖时,发现有 10% 脏色,大副在收货单上做了相关批注。因货物容易变质,信用证(L/C)又即将过期,托运人急于获清洁提单结汇,遂出具"保函",声明"如收货人有异议,其一切后果均由发货人承担,船方概不负责"。但货物抵目的港时,收货人以货物脏色为由扣船,并向远洋运输公司索赔 10 多万美元。

【案例研讨】

(1)远洋运输公司可否凭保函作为拒赔的理由?

无权,因对第三人而言,保函一概无效。

(2)假若远洋运输赔偿后,可否凭保函要求托运人赔偿其因签发清洁提单而遭受的损失。托运人是否应赔偿某远洋公司的损失?

无权。对于承运人与托运人而言,只有在无欺骗第三方意图时才有效,而此案中明显具有欺骗第三方的故意,则保函无效,承运人在赔偿第三方后无法追偿。

(三)装船批注

1. 装船批注的适用场合

UCP600 第 20 条规定,海运提单必须是已装船提单,即提单应该是船名、装港和卸港这三项都是确定的,且有已印就的"已装船"(Shipped in apparent good order and condition on board)字样的提单,无须加"装船批注"。值得注意的是,"已装运表面状况良好""已载于船""清洁已装船"或其他包含"已装运"("SHIPPED")或"已装在船上"("ON BOARD")之类用语的措辞与"已装运于船"("SHIPPED ON BOARD")具有同样效力。

由此可见,当信用证要求提供海运提单(Marine/Ocean B/L)时,只要船名、装港、卸港及已有印就的"已装船"四大要素中有任一项不确定或缺少,则必须进行装船批注(ON

BOARD NOTATION)。

2. 装船批注的具体做法

（1）装船批注为:ON BOARD+装船日期。适用于提单上缺少已有印就的"已装船"字样,比如,多式联运提单事先印有"收妥待运"（"Received in apparent good order and condition for shipment…"）字样。

【案例1-12】中国 A 公司与英国 B 公司签订了一份国际货物买卖合同,约定由 A 公司向 B 公司销售一批电视机,B 公司以信用证方式付款。合同订立后,B 公司依约开立了信用证,该信用证要求 A 公司提供全套已装船清洁提单。A 公司按照合同规定交付了货物,并按信用证要求制作了所有单据。A 公司向银行提交全套单据,银行审单后拒绝付款,理由是 A 公司提交的提单上没有货物的装运日期,该提单是多式联运提单而非信用证要求的已装船提单。A 公司去电解释,其提交的提单上盖有"已装船"（SHIPPED ON BOARD）字样的印记,证明货物已装船,提单的签发日期就是装运日期。银行回电称,A 公司提交的提单所做的"装船批注"不符合"UCP"的规定,由于存在单证不符的情况,银行拒绝付款。

【案例评析】

在本案中,银行的拒付是合理的。这是因为:信用证要求提交已装船提单,而 A 公司提交的提单上并无预先印就的"已装船"字样,而仅是在提单上盖有"已装船"的印记,该提单应属备运提单而非已装船提单,提单的签发日期不应视为货物装运日期,只有在"已装船"（SHIPPED ON BOARD）批注的后面再加上装运日期,该提单才能转换为已装船提单。

（2）装船批注为:ON BOARD+装船日期+船名。适用于提单的船名不确定,比如,提单上包含"预期船"（INTENDED VESSEL）字样或类似有关限定船只的词语的。

【案例1-13】信用证要求:全套清洁海运提单。提交的提单的表面已预先印就以下文字:"shipped on board in Apparent Good Order and Condition…",但在船名一栏显示的为"MING HUA OR SUBSTITUTE",且没有装船批注。试问此种提单是否符合信用证要求?

【案例评析】尽管该提单的表面已预先印有"on board"字样,但由于货物是否已装上"MING MOON"尚未确定,因此,该提单仍为待装船提单。为了符合信用证要求,要么,删掉船名栏中"OR SUBSTITUTE";要么,加注包括船名"MING MOON"和装船日期在内的装船批注。

【案例1-14】信用证要求:全套清洁海运提单,注明运费付讫,收货人为开证行或指示人,通知人为某指定的人,对提单无特别要求。提交的提单为:船名栏填入船名,装船批注为"ON BOARD+装船日期",即未加注船名,且提单上预先印就以下文字:"装有上述货物的集装箱或包件,将根据提单条款由指定船只或由承运人选择替代的方式或其他运输方式,从收货地或装运港送到在此注明的卸货港或交货地,然后交付给被指示人或受让人。"试问银行是否有权拒受此提单?

【案例评析】尽管有一种观点认为提单上预先印就的这段文字只是为了强调货物是装上指定的船只或被装上另一条船只都受提单条款的制约,并不构成指定的船只为预期船只。然而,提单上有这类词语时,应解释为一种保留条件,即货物将被装上何船,尚未确定,对此,UCP600 第 20 条（a）（ii）已有明确的规定,即提单上如有"预期船只"或类似字样者,装船批注除须有日期外,还须标明所装船只的船名,即使所装船名已在"预期船只"栏内标明。显然,银行可以以装船批注未加注船名为由拒受该提单。

（3）装船批注为:ON BOARD+装船日期+船名+装货港。适用于提单的装货港不确定,比如，提单上的收货地点或接受监管货物地点和装货港不同，或者提单中装货港栏的记载与信用证中规定的装货港不同的，或包含"预期"或类似有关限定装货港的标注的。值得注意的是，根据 UCP600 的规定，即使提单以预先印就的文字表明了货物已装载或装运于具名船舶，装船批注中仍须加批实际的船名，以证明该船舶是信用证所规定的装货港起运。

【案例 1-15】信用证要求：海运提单。货物从 DALIAN 运到 HONGKONG。提交的提单为：收货地（DALIAN CFS）、装港（DALIAN）、卸港（HONGKONG），装船批注为"ON BOARD+日期"。试问银行是否有权拒受此提单？

分析：当收货地与装运港并非同一地点时，"ON BOARD"既可以是指装上从收货地至装运港这一段航程的船只或其他运输工具，也可以是指装上从装货港至卸货港的船只，但如果信用证要求是港到港提单，则"ON BOARD"必须反映的是从指定的装运港出发的船只，而不是从收货地到装运港的船只或其他运输方式。在本例中，由于货运站并非大连港的一部分，它们是两个不同的地点，因此，必须在装船批注处另加注装运港和船名，以明确并非在收货地装船。在本例中，如果收货地栏填入 DALIAN CY ，由于集装箱堆场是港口的一部分，可以视为同一地，此时装船批注才无须加注装运港和船名。

（4）装船批注为：ON BOARD+装船日期+船名+装货港+卸货港。适用于提单的卸货港不确定。

【案例 1-16】信用证要求：全套清洁已装船海运提单，货从曼谷运至中国南方任何一个港口（ONE SOUTH CHINA PORT）。所交提单的装货港、船名和卸货港栏前均有"预期（IN-TENDED）"字样，制单如下：装货港为 BANGKOK，船名为 XYZ，卸货港为 ONE SOUTH CHINA PORT，装船批注显示为："Loaded on board vessel XYZ at Bangkok…"试问该制单是否正确？

分析：海运提单要求装运港或卸货港必须是确定的港口，因此，一方面，卸货港不能笼统地注明 ONE SOUTH CHINA PORT，除非信用证订明卸货港必须为 ONE SOUTH CHINA PORT；另一方面，由于卸货港前有"预期（intended）"字样，因此，即使卸货港写上确切的港口名称，也需重复在装卸批注上加注卸货港名。综上所述，该制单是错误的。

四、提单签发与交付

（一）签发人与签发方式

1. 承运人签发提单的义务

承运人收货后，应托运人的请求，承运人有义务在合理的时间内签发提单，但以下情况除外：

（1）提单所载事项与大副收据或理货单不符（即与货物的实际情况不符）；

（2）在租船提单下，提单与租船合同规定不一致；

（3）属于欺诈性提单，比如倒签提单、预借提单等。

此外，除非双方事先有明确的约定，承运人或代理不得扣押提单，有关是否可以扣押提单等方面的内容，将在第八章予以说明。

2. 签发人

根据 UCP600 第 20 条规定，班轮提单的签发人可以是承运人、船长、承运人或船长的代理人。根据 UCP600 第 22 条规定，租船提单应由船长（Master）、船东（Owner）、租船人

(Charterer)或他们的代理人(Agent)签署。显然,租船提单不能以承运人(Carrier)或其代理人的身份签署。

3. 签发要求

(1)如果提单由承运人签署,必须表明承运人的名称(Indicate the Name of the Carrier),除非提单表面的其他地方已经表明了承运人的名称。

(2)如果提单由代理人代表承运人签署,则必须表明其代理人身份,而且必须表明所代理的承运人,除非提单表面的其他地方已经表明了承运人。

(3)如果船长签署提单,则船长的签字必须表明"船长"身份。在此情况下,不必写上船长的姓名。

(4)如果由代理人代表船长签署提单,则必须表明其代理人身份,在此情况下,不必写上船长的姓名。

【案例1-17】一份海运提单的标题用粗体印刷标明公司名称为 ABC LOGISTICS LTD,单据由一家署名的代理人签发,签署为"As Agent for the Carrier of B/L Title ",我们把引号中的词句解释为 "As Agent for the Carrier whose name appears on the heading ",因此提单就与 UCP600 的签署要求是相符的。这样理解正确吗?

分析:正确。提单上出现承运人的名称的表达方式符合 UCP600 第20条(a)款(i)项关于承运人名称的要求。

【案例1-18】C 公司(Y 国)有限公司以承运人代理的身份,代表 C 公司(X 国)有限公司签发了提单,但承运人的身份并没有在提单的正面得到证明,只是在提单的背面明确 C 公司(X 国)有限公司为承运人。试问银行可否以此推定 C 公司(X 国)有限公司就是承运人吗? 还是提单的正面必须明确标明承运人的身份?

分析:该提单没有按照 UCP600 第20条(a)款(i)项要求以一种合适的方式表明承运人的名称。原因是 UCP600 第20条(a)款(v)项规定"银行将不审核承运条款和条件的内容,包括检查这些条款和条件以确定承运人"。

【案例1-19】一些运输单据上面印有预先印就的声明,出具单据后,除了那些有关"已装船""已收货"或"已被接管"的情况,其他预先印就的声明可能与附加声明不匹配。例如,预先印就的声明显示"代表船长签字",单据通过附加批注看似由某具名代理人代表某具名承运人签字。或者预先印就的声明显示"由代理人代表承运人",单据仍然通过附加批注看似由某真正的承运人签字。我们想知道此类预先印就的声明和附加的声明之间的不匹配是否可以认为是矛盾的数据,或者还是以附加批注为准,简单地把它看作出单人采取的到出单日为止的实际或最终的情况。

分析:用以证明运输单据签署人员名称和身份的附加印戳或其他形式的批注可以取代提单上与之矛盾的预先印就的签字。如果运输单据签署方式符合相关运输条款的要求,则单据可以被接受。

4. 签发方式

(1)签字不一定手写。摹本签字、打孔签字、印章、符号(例如戳记)或用来表明身份的任何电子或机械证实的方法均可。

(2)印度、斯里兰卡、黎巴嫩、巴林及阿根廷等国家的港口,虽然信用证未规定提单必须手签,但由于当地海关有规定,因此仍须手签。

（二）签发地点与日期

提单的签发地（Place of Issue）一般为装运港地点，当然也可以是承运人公司所在地或其他地点，不过，因提单签发地的不同，可能会导致适用不同的法律和管辖权，因而，最好选择在装运港签发提单。下面重点介绍提单的签发日期。

1. 装运日期

装运日期是运输单据中的一个重要项目，在外贸业务中，进口方开给出口方的信用证有一个货物的装期，例如信用证规定货物的装运应不迟于 11 月 30 日，出口方提供的运输只能早于 11 月 30 日，迟于 11 月 30 日银行就拒绝接受。

（1）同航次、同船、同目的港时提交数套提单时装运日期的确定

【案例 1-20】信用证规定：从中国港口运至神户 100 MT 红小豆，不许分批装运。受益人交来的单据中包含两套提单：第一套提单表明载货船名为"ZHUANGHE"，航程为"018"，装运港为"TIANJIN"，卸货港为"KOBE"，净重为"51.48"，装运日期为"7 月 11 日"。第二套提单表明载货船名为"ZHUANGHE"，航程为"018"，装运港为"QINGDAO"，卸货港为"KOBE"，净重为"51.05"，装运日期为"7 月 17 日"。请分析：是否构成分批装运，此批货物的装运日期应为哪天？

分析：根据 UCP600 第 31 条（b）规定，在"三同"的情况下，即同一运输工具（the same means of conveyance）、同一航次（the same journey）和同一目的地（the same destination），即使存在"二不同"，即不同的发运日期（different dates）、不同的装货港（different ports of loading），也不视为分批装运，如果交单由数套运输单据构成，其中最晚的一个发运日期将被视为发运日期。显然，货装多艘船即构成分批装运，即使这些船在同一天出发并驶向同一目的地。本案例十分清楚地表明，该批货物系使用同一运输工具（"ZHUANGHE"号船）并经同一路线运输（"018"航程），运输单据注明的目的地（"KOBE"）相同。据此，没有分批装运。该批货物的装运日期应为 7 月 17 日。

（2）分期发运时装运日期的确定

【案例 1-21】信用证要求：第一批货 3 月 1 日前发运；第二批货 3 月 15 日前发运。实际发运日期：第一批货 3 月 2 日发运；第二批货 3 月 12 日发运。哪一结论正确？

（A）信用证对第一批货无效，对第二批货有效。

（B）信用证对第一批货有效，对第二批货无效。

（C）信用证对第一批货和第二批货都有效。

（D）信用证对第一批货和第二批货都无效。

根据 UCP600 第 32 条规定，如信用证规定在指定的时间段内分期发运，任何一期未按信用证规定期限发运时，信用证对该期及以后各期均告失效。显然，应选 D。

2. 签发日期与装运日期的关系

（1）提单上签发日期作为装运日期，如果提单上有"装船批注"，则以装船批注上的 ON BOARD 日期为装船日期。

（2）提单签发日期可以早于信用证的开立日期，但不得晚于交单日期［参见 UCP600 第 14 条（i）］，如提单上有"装船批注"，则装船批注日期不得迟于交单日期。

3. 签发日期（Date of Issue）的确定

（1）即使信用证没有明确要求，提单也必须注明日期。在提单无签发日期的情况下，装

船批注日期视为提单出具日期。

【案例1-22】信用证项下交单,包括全套正本海运提单(B/L),提单预先印就的文字显示货物已经被"收妥待运",并有装船批注。开证行拒付,理由是"提单没有显示出具日期"。

分析:本案的关键在于提单上是否应该注明两个日期:出具日期和装船批注日期。实际上,在无出具日期的情况下,注明的已装船日期具有提单的出具日期和货物被装船的日期的双重作用,因此,提单上没有显示出具日期,没有不符,因已装船日期符合信用证对提单日期的要求。

(2)已装船提单的签发日期应为货物实际装船日期,而非收货日期,如果为收货日期,则应加批装船日期。在实务中存在着许多提单签发日期与实际装船日期不一致的事件,从而产生所谓的预借提单、倒签提单和顺签提单。

预借提单是指由于信用证规定的装运期或交单结汇期已到,而货物尚未装船或尚未装船完毕,应托运人要求而由承运人或其代理人提前签发的已装船提单。

倒签提单是指货物装船完毕后,应托运人的要求,而由承运人或其代理人签发以早于货物实际装船完毕的日期作为签发日期的已装船提单。

顺签提单是指货物装船完毕后,应托运人的要求,而由承运人或其代理人签发以晚于货物实际装船完毕的日期作为签发日期的已装船提单。

以上三种行为对提单持有人构成严重欺诈,因而对承运人的风险极大,应严格禁止。但是由于航运惯例和贸易的需要,在一定条件下,例如,在所签的日期是船舶已抵港并已开始装货后的某一天,或签单的货物是零星杂货而不是数量很大的大宗货,或倒签的时间与装完时间的间隔不太长等情况下,在取得了出口方的保函后,承运人还是可以同意签发的。也就是说,承运人必须事先对其贸易的性质、货物的状况、价值、倒签或顺签的时间、托运人的资信等进行全面评估后,才能决定是否接受。

(三)签发正本提单份数

1. 正本的数量

(1)适用UCP600第20条的提单必须注明所出具的正本的份数。在提单上注明签发正本提单的份数(Number of Original B/L)可以使提单的合法受让人了解全套正本提单的份数,防止流失在外而引起的纠纷,保护提单受让人的利益。

(2)为了防止更改,此栏填写时必须用大写数字(ONE、TWO、THREE)。

(3)提交的正本单据的数量必须至少为信用证或UCP600要求的数量,或当单据自身表明了出具的正本单据数量时,至少为该单据表明的数量。

【案例1-23】某信用证中没有规定提交全套正本提单。受益人提交了一份正本提单,提单注明签发了三份正本。问:受益人提交一份正本提单,是否构成不符?

分析:构成不符。尽管信用证没有要求全套正本,但根据UCP600的规定,仍要提交全套正本。

2. 正本的认定

(1)单据的多份正本可用"正本"(Original)、"第二份"(Duplicate)、"第三份"(Triplicate)、"第一份正本"(First Original)、"第二份正本"(Second Original)、"第三份正本"(Third Original)等标明。上述标注均不否认单据为正本。

【案例1-24】L/C要求全套3/3正本清洁已装船海运提单。实际提交的单据为全套的

3/3 并分别注明 ORIGINAL，DUPLICATE，TRIPLICATE。开证行能否引用 UCP600 辩解称：虽有手签或注明为第一份或第二份，但第二份、第三份提单未注明正本字样，从而有权拒付单据。

【案例评析】不可以，即使未标明正本字样，注明为 DUPLICATE，TRIPLICATE 字样，并不意味该第二份、第三份为副本。

（2）除非单据本身表明其不是正本，银行将视任何单据表面上具有单据出具人正本签字、标志、图章或标签的单据为正本单据[参见 UCP600 第 17 条（b）]。

（3）提单不一定非要注明"正本"字样才能被接受为正本，根据 UCP600 第 17 条（c）规定，除非单据本身另有说明，在以下情况下，银行也将其视为正本单据：单据看似由出单人手写、打字、穿孔或盖章；或者单据看似使用出单人的原始信纸出具；单据声明其为正本单据，除非该声明看似不适用于提交的单据。

3. 其他规定

（1）有时从信用证的措辞难以判断信用证要求提交正本单据还是副本单据。比如，信用证要求："提单""一份提单"或"提单一份"，这些措辞应被理解为要求一份正本提单；"提单四份"，则提交至少一份正本发票，其余用副本发票即满足要求；"提单副本一份"（One Copy of Invoice），则提交一份副本发票即为符合要求。不过，在此情况下，标准银行实务的做法是也可接受正本。

（2）如果信用证使用诸如"一式两份"（in duplicate）"两份"（in two fold）"两套"（in two copies）等用语要求提交多份单据，则提交至少一份正本，其余使用副本即可满足要求，除非单据本身另有说明[参见 UCP600 第 17 条（e）]。

（3）当银行不接受正本代替副本时，信用证必须规定禁止提交正本，例如，应标明"发票复印件——不接受用正本代替复印件"，或类似措辞。

（4）如果信用证要求提交副本单据，则提交正本单据或副本单据均可[参见 UCP600 第 17 条（d）]。

（四）提单的交付

1. 向谁交付

我国《海商法》第七十二条规定，"应托运人的要求，承运人应当签发提单"，在同时面对契约托运人和实际托运人时，承运人应向哪一个托运人签发提单，法律规定得并不明确，这也是海商法的不足之处。

根据 2012 年 5 月 1 日起施行的《最高人民法院关于审理海上货运代理纠纷案件若干问题的规定》（以下简称《货代纠纷司法解释》）第八条规定："货运代理企业接受契约托运人的委托办理订舱事务，同时接受实际托运人的委托向承运人交付货物，实际托运人请求货运代理企业交付其取得的提单、海运单或者其他运输单证的，人民法院应予支持。契约托运人是指本人或者委托他人以本人名义或者委托他人为本人与承运人订立海上货物运输合同的人。实际托运人是指本人或者委托他人以本人名义或者委托他人为本人将货物交给与海上货物运输合同有关的承运人的人。"

显然，实际托运人有优先于契约托运人向货运代理企业主张交付单证的权利。换言之，应向"提单上记载的托运人"交付提单。也就是说，即使是订舱人，如果没有取得提单上托运人的授权，承运人或其代理也不能将提单交付给他。

值得注意的是,实践中,有些实际托运人可能怠于向货运代理企业请求交付单证,此时货运代理企业应履行报告义务,及时询问实际托运人如何处理单证,取得实际托运人的书面授权,从而保护自己的合法权益,避免介入买卖双方的贸易纠纷之中。

【案例1-25】2022年4月21日A公司承租船东所属的"平安星"轮,承运5 000 m³的木单板从张家港至温哥华。双方的航次租船合同规定:船东在收到100%运费后方可签发运费预付提单。货物装船后,A公司以没有收受运费为由,通知船东不要签发运费预付提单,但在发货人威胁扣船后,船东向发货人释放了运费预付提单。此时,A公司已向船东支付了运费及滞期费,但却未能收回转租的运费等,为此,A公司以船东违反航次租船规定为由,要求船东向A公司签发提单,或者退还已收取的运费及滞期费。

【案例评析】船东听谁的指示:合同当事人——承租人还是实际交付货物的人——提单托运人?

听从提单托运人的指示。理由在于:根据我国《海商法》第七十二条的规定,货物装船后,签发提单是承运人的一项法定义务,承运人不得拒绝向托运人签发提单。船东没有义务听从租船人关于拒绝释放提单的指示。

2. 交付的要求

通常情况下,双方可约定采取以下方式领单:

(1)定期结算

针对与船公司有长期合作关系,并签订合作协议的客户(通常称为协方客户),通常是客户凭"提单申领单"领取提单,申领单上的公章需与协议上的预留章一致。同时,客户没有超过信用期的应收运费才能领取提单。

(2)付款买单

针对一般客户,通常需要支付现金或支票后才能领单。对于第三地付费的客户,发货人应出具书面保函,同时提供第三地付款人的详细资料(公司名称、地址、电话、传真、联系人),以便船公司第三地代理及时联络,船公司第三地代理收到运费后,船公司方可放单。

(3)第三地领单

预付运费:在装运港收到运费后,通知第三地放单;到付运费:在目的地收到运费后,通知第三地放单;在财务确认收到款后才能通知第三地放单。

五、提单的电放、合并与拆分

(一)电放

1. 电放的内涵

电报放货(Telex Release),简称电放,或提单电放,它是指承运人或其装港代理收到货物后已签发或应签发而尚未签发提单,根据提单上托运人的要求在装港收回全套正本提单或不签发正本提单,然后以电报、电传形式通知承运人卸港代理将货物交给提单收货人或托运人指定人。

电报放货操作流程如图1-2所示。

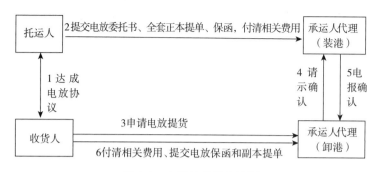

图 1-2 电报放货操作流程

【知识拓展】异地交单放货

它是指承运人或其代理在卸货地点以外的地方接受申请人的请求并收回全套正本提单，并通知卸港代理将货物交给申请方指定的收货人。此外，异地放货也包括在船舶更改卸货港时，所导致的提单提交地与提单上记载的卸货地不一致的情况。由于异地放货实际上属于对提单上约定的正本提单交付地的变更，因此，为稳妥起见，与电报放货一样，一方面，应从发货人手中收回所签发的全套正本提单；另一方面，在卸货港，应要求收货人提交提单副本及提货保函。

2. 电放申请

（1）货主申请电放时，在装货港，托运人必须付清预付运费及电放费、出具书面保函并交回全套正本提单；在卸货港，代理人应取得船代的电报确认，并凭收货人出具的保函、支付到付运费及相关费用的证明和副本提单换单。

（2）如果提单电放后，订舱公司又申请撤销电放，由船公司确认同意撤销电放后，收货人必须凭正本提单提货，不得再恢复申请第二次电放。

（3）并非世界上所有港口及地区都接受电放。比如，阿根廷、巴西等必须凭正本提单放货，土耳其、澳大利亚、埃及不接受指示提单（即收货人是"TO ORDER"）电放。

【案例1-26】2019 年 10 月 12 日，以色列公司以 FOB 条款向深圳 ABC 公司购买若干彩电。随后，以色列公司指定 ST 公司负责安排货物的租船订舱及装船，ST 公司遂向中海公司租船订舱、装船并取得了中海公司出具的以 ABC 公司为托运人的正本海运提单。而与此同时，ABC 公司又将该批货物的报关业务委托 XYZ 办理。因 ABC 公司与以色列公司商议改用电放的形式放货，所以 ABC 公司未领取正本提单并将其交回中海深圳公司。12 月 30 日，中海公司根据 ST 公司的电放申请和保函，向目的港代理商发出放货通知，目的港代理商依放货通知并收取相关费用后遂向以色列公司放货。2020 年 1 月 2 日，因 ABC 公司仍未收到以色列公司应支付的剩余货款，在分别向 ST 公司、中海公司发出扣货申请后，方获悉货物已交给客户。为此，ABC 公司向 ST 公司、中海公司、XYZ 公司提出索赔。

【案例评析】

（1）中海公司应接受谁的电放保函？此案中有无失误之处？

中海公司作为承运人应接受提单上托运人，即 ABC 公司的电放保函。其失误之处未能取得 ABC 公司的书面电放申请与保函。

（2）本案中 ST 公司的身份？它根据谁的指示办理电放？

既是买方以色列公司的订舱代理，也同时兼作卖方的装港代理（办理托运、指示放货等）。它应根据 ABC 公司的指示办理电放。

（3）XYZ 公司的身份？是否应对此电放损失承担责任？

报关代理。不承担责任。该批货物已顺利通关并到达目的港，故其报关义务已履行完毕。ABC 公司并未授权 XYZ 公司对涉案货物的电放事宜，因此 XYZ 公司既无权利也无义务制止他人的电放行为。

（4）ABC 公司存在哪些失误之处？能否胜诉？

失误之处：一是不应该接受卖方指定的货代作为代理；二是不应该将正本提单交回船公司。不能胜诉。因交回正本提单的行为表明同意办理电放。

【案例 1-27】2020 年 11 月 20 日，内地一家粮油公司与一家香港公司签订销售合同，价格条款为 FOB 大连，付款方式为 D/P 即期付款。2021 年 1 月 19 日，香港公司通知粮油公司装港的货运代理为万某（万某实际上为香港公司大连办事处的负责人）。根据万某指示，粮油公司缮制了以自己为托运人、收货人为凭托运人指示的场站收据，并连同货物交付船公司指定的集装箱堆场。此后，万某向粮油公司出具了抬头及签发人，均为天津货代公司的提单。提单上记载的托运人为粮油公司，收货人为凭托运人指示。该提单是天津货代公司为了承揽业务将加盖公章的空白提单交付给香港公司大连办事处备用的，此次是由万某委托船公司的装港代理——大连货运公司的工作人员代为将托运人、收货人、船名、航次、提单号、货物等填好后交付给粮油公司的。万某提交给大连货运公司的配舱回单上的托运人为天津货代公司，收货人为 CASTLE 公司，其他内容与粮油公司缮制场站收据和天津货代公司签发的提单相同，大连货运公司代表船公司依此缮制了托运人为天津货代公司，收货人为 CASTLE 公司的船公司格式提单，但并未签发该提单。2021 年 1 月 20 日和 2 月 5 日，万某以香港公司万某（但无香港公司盖章）的名义向大连货运公司发函，要求提单电放该货物。同年 1 月 30 日香港公司向大连货运公司出具电放保函，为此，2 月 3 日至 5 日和 2 月 10 日至 12 日，船公司卸港代理在既未得到粮油公司和天津货运代理指示，也未征得他们同意的情况下，在目的港高雄将该货物交给了实际收货人。而粮油公司取得该提单后，以 D/P 方式委托银行要求香港公司付款，因其拒绝付款赎单，银行遂将两套正本提单予以退回。为此，粮油公司以天津货代公司、船公司和大连货运公司为被告向法院起诉，要求三被告承担连带赔偿责任。

【案例评析】

（1）船公司认为，万某具有买方代表和无船承运人代表双重身份，一方面作为买方——香港公司的大连代表，另一方面又持有天津货代公司已签发好的空白提单。天津货代公司将已签发好的空白提单交付给香港公司的行为表明香港公司是天津货代公司的全权代理人，因而，船公司根据香港公司的指示应视为天津货运代理的指示，故不应承担责任。你是否认同此主张？船公司办理电放时的主要失误是什么？

不赞同这种说法，理由是：交付空白提单的行为也不过默示为持有人有权行使签发提单以前的有关事宜，即有权代表签发人填写提单中的空白事项，有权向托运人收取货物及向实际承运人订舱等，但还不能认为已扩展至签发提单以后的事宜，如发出放货指示等。作为实际承运人的船公司，最大的失误是未要求提单上的托运人——天津货运代理出具保函，因而，构成无单放货。

（2）本案中，粮油公司、天津货代公司存在哪些失误？

作为卖方的粮油公司，过分相信 D/P 付款的作用，然而，如果签发提单的承运人信誉较差并采取无单放货，付款赎单则成为泡影。作为租船人与买方的香港公司，为了实现控制货物的目的,通过引入货代提单(HB/L),使卖方无法直接获得实际承运人提单(MB/L),为其日后提货后不付款赎单创造了条件。

作为无船承运人的天津货代公司,为了赚取少量的签单费不惜出借提单,恰好为买方提货后又不付款赎单提供了可能。如果货运代理坚持要求凭正本提单放货或凭银行保函放货,买方的诈骗则难以得逞。本案卖方的损失恰好是其轻易接受信誉较差的货运代理提单所致。

(二)并单

1. 提单合并的条件

(1)每个分票之间的收货人须一致,发货人也须一致。

(2)不接受包含"普通货和危险品""冷箱和冷箱危险品"不同货类集箱的提单合并,但可以接受"普通货和危险品""冷箱和冷箱危险品"不同货类混拼一个集箱的提单合并。举例说明:

B/L 1:20GP * 1;B/L 2:20GP(DG) * 1 ----- B/L 1 & B/L 2 并单不接受

B/L 1:20RF * 1;B/L 2:20RF(DG) * 1 ----- B/L 1 & B/L 2 并单不接受

B/L 1:普货;B/L 2:危品货拼装 20GP * 1 ---- B/L 1 & B/L 2 并单接受

B/L 1:冷货;B/L 2:冷冻危品拼装 20RF * 1 ---- B/L 1 & B/L 2 并单接受

2. 订舱公司需提供的单证与费用

(1)船开前

提供船公司固定格式的《并单保函(船舶开航前)》,不收取费用。

(2)船开后

提供船公司的《更改保函(船舶开航后)》和《合并提单通知书》,支付更改费 100 元。

3. 并单截止时间

以中外运集运为例,其要求如下:

(1)各近洋线

并单需在船开前提出申请,原则上船舶开航后不再接受并单申请。若船开后必须并单,需由船公司向各航线目的港代理确认后才能接受,并且订舱公司或发货人将承担各近洋航线目的港海关不同程度的罚金。

(2)澳大利亚线

船到目的港首个卸港前 5 个工作日截止并单,超过时限,客户将承担目的港海关的罚金;船到目的港首个卸港前 48 h,任何并单将不予接受。

(3)周六韩国线

务必在每周五 15:00 之前递交并单申请,逾期将产生的更改费用及目的港海关罚金由客户自行承担。

4. 并单包装类型的规定

(1)包装类型包括:PALLET(托盘 PLT)/CARTON/PACKAGE/BAG 等;

(2)当每票提单的包装类型不一致时,请客户务必在网上并单界面和并单保函上注明"PACKAGE",若未注明"PACKAGE"或显示客户指定的其他包装类型,都将会影响目的港清关,由此产生额外的罚金和风险责任,将由客户自行承担。

(三)拆单/分单

1. 拆单的基本要求

(1)原则上拆单后的每个分票之间的收货人须一致,发货人也须一致。

(2)若每个分票都是独立的一个或若干个整箱,可以接受发货人或收货人不同的拆单。

(3)若分票与分票之间是拼装的一个或若干个集箱,则不能接受发货人或收货人不同的拆单。

(4)分票拼装一个或若干个集箱的拆单,不接受"CNEE"为"TO ORDER（OF ＊＊）"的指示提单的拆单。

2. 订舱公司应提供的单证与费用

无论是船开前申请,还是船开后申请,拆分提单均需支付船代分单费 100 元/票,提供如下单证:

(1)船公司固定格式的更改保函(船舶开航后)。

(2)船代固定格式的更正通知书。

3. 拆单截止时间

与并单截止时间相同,从略。

六、提单的更改、补发与换发

(一)改单

在通常情况下,一份提单最多只可以加盖 3 个更正章,港口、运费的更改不可以盖更正章,需重新出单。同时,订舱方必须支付改单费、提供保函、交回全套正本提单(如果提单已签发)。此外,船公司或代理应针对不同的更改内容,要求订舱方满足其具体的要求。

1. 发货人、通知人和收货人的更改

(1)发货人更改:原发货人、新发货人在更改保函上共同盖章;

(2)收货人、通知人更改:须在更改保函上加盖发货人公章;

(3)发货人和收货人同时更改:须在更改保函上加盖原发货人和新发货人的公章。

此外,若运费协定是与发货人签订的,更改发货人时,须重新确认运费后才能更改;若运费协定是与收货人签订的,更改收货人时,须重新确认运费后才能更改。

2. 件数、重量、尺寸、品名的更改

(1)开船前:订舱方提供更改保函。注:品名有太大的变动,仍须拒绝,如地毯改貂皮,家具改二手汽车,成衣改建材。此外,若明知其更改系违法时,必须拒绝,不得涉入而加以配合。

(2)开船后:订舱方提供更改保函及正本报关预录单(部分地区为无纸化报关,报关单可以为副本)。

3. 唛头、箱封号的更改

(1)报关前:出具更改保函上加盖发货人公章。

(2)报关后:若因海关查验造成的封号更改:需提供海关查验通知书;其他原因:需在更改保函上加盖发货人公章。

4. 目的港、卸货港、中转港的更改

船公司重新报价，并收取相应的费用(运费差额及其他相关费用，例如：翻舱费等)，订舱单位提供确认承担由此产生的改港、倒舱等费用的正本保函。

5. 运费付款方式的更改

(1)预付改到付：订舱公司出具更改保函后，待船公司与目的地代理确认后方可接受。

(2)到付改预付：订舱公司出具更改保函后，待船公司收到相应款项后方可更改。

6. 并单后的更改

订舱公司除了提供主票提单的更改单外，还另需出具一套分提单的更改单。

此外，货到目的港，在未提取之前，可以进行提单修改，但货物被提取后，所有单证上任何内容的更改都不再予以接受。

【知识拓展】一些航线对更改的特殊要求

(1)日本线：船舶开航后，不再接受提单(更改、增加、删除)的更改，单证上的其他任何更改都可能产生不同程度的海关罚金。

(2)韩国线：船开后以下项目的更改，都将在目的港产生不同金额的海关罚金：品名，拆单、并单；发货人、收货人、通知方，船到目的港 60 天后的任何更改。

(3)中国台湾线、马尼拉线、印度尼西亚线、新加坡线：船舶开航后，单证上的任何更改都可能产生不同程度的海关罚金。

(4)澳大利亚线：船到目的港首个卸货港前 5 个工作日禁止提单、舱单的任何更改，超过时限，客户将承担目的港海关的罚金；船到目的港首个卸货港前 48 h，提单和舱单上的任何内容将禁止更改。

(5)周六韩国线：请务必在每周五 15:00 之前递交提单确认数据(含准确的收发货人信息，品名详细，件毛体，箱号，封号)，逾期未收到提单确认数据，集运将以货代公司的订舱数据为准，并以此递交目的港舱单。逾期产生的更改费用及目的港海关罚金由客户自行承担。

(6)雅加达线：由于目的港海关规定，凡涉及收货人的更改，客户须提供原收货人和新收货人的完整信息，由船公司代理递交目的港海关审核更改接受与否，且海关需花较长时间对相关信息进行核实，由此可能导致堆存费等额外的费用产生，将由客户自行承担。

(7)土耳其线：货到目的港后改单，需要贸促会的认证：首先需要到贸促会认证，取得证书，然后将此证书扫描给船公司，由船公司与目的港确认，更改舱单内容所产生的罚金由谁来承担。由于土耳其海关要求舱单内容更改必须凭正确的正本提单，因此必须缴回原提单并在起运港重签。重签正本提单和正本贸促会认证件一起寄给目的港，并将快递单号提供给船公司。

【案例 1-28】2020 年 12 月 24 日，厦门 A 公司与香港 B 公司通过电子邮件签订了 FOB 贸易合同。合同签订后，B 公司找到香港的一家货代 C 公司，该公司与厦门市力和公司互为代理。C 公司将该业务委托力和公司在厦门操作。A 公司也根据 B 公司的指示将合同项下价值 12 万多美元的货物委托力和公司安排运输，从厦门运往法国勒阿弗尔。2021 年 3 月 29 日，力和公司继而向船公司厦门代理订舱并装船，A 公司出具保函，要求将提单中"托运人"由 A 公司改为 D 公司，将"收货人"由"TO ORDER"改为"E 公司"。船公司代理根据保函代表船公司向力和公司签发了相应的提单，力和公司直接交给了香港 B 公司。由于香港 B 公司尚未付清 A 公司全部货款，A 公司海事法院起诉，要求力和公司赔偿其经济损失。

【案例评析】

(1)A 公司是否有权要求力和公司交付提单？为什么？

没有。A 公司更改提单托运人的行为表明其已经将交货托运人的权利让渡给了他人，则其不再有权要求签单。

(2)A 公司的失误之处？

一是作为 FOB 下的卖方，不应放弃成为提单上的托运人。二是应委托自己的代理，而不应委托卖方的代理办理出口货运业务。

(二)补单

1. 不同情况下的处理

(1)结汇后遗失。正本提单结汇后，在寄送途中遗失，货主要求补发。

处理原则:声明提单作废，无须另行补发提单。

(2)结汇前遗失。货主要求补发。

处理原则:声明前签提单作废，补签新提单并另行编号。

2. 补单的基本要求

当提单丢失而货主还没有结汇，这时货主往往会向承运人要求重新签发全套正本提单。以下为一些船公司对申请补单的基本要求:

发货人必须出具正本保函及商业发票。同时，根据提单种类和客户要求的不同，还应进行如下操作:

(1)发货人及订舱单位、收货人出具要求放货并同意承担无单放货可能引起的一切风险和责任之保函，同时发货人或收货人提供相当于货值1.1倍的现金或银行本票于船公司至少两年。

(2)重签提单号与遗失提单号相同。

(3)提单上注明"提单是重签，原提单已作废"。(THIS B/L IS A REISSUED B/L, THE ORIGINAL B/L HAS BEEN VOIDED)

【案例1-29】对于提单补发，有的船公司不但要求声明作废，还要求其交纳货款两倍的保证金或提供相同金额的银行保函，保证金存放的期限或保函的有效期均为两年。有的则首先让客户出具原提单作废的声明，同时在船公司指定的刊物公布，然后交纳30%~50%的保证金，凭装运人自身的保函重出提单或发送电放货物的电报。

【案例研讨】试对这两种做法进行分析。

(三)换单

1. 转换提单的含义、特征

凡是在已签发的原正本提单的基础上，再签发另外一套正本提单，而无论是否注明"转换"字样均属于转换提单。

近年来，为了便于中间商从事转手贸易，或者是为了打破某种原因(如政治方面的原因)所造成的国际或区域间的贸易堵塞而变相地进行通商、通航，或者是为了避免缴纳关税或享受某些税收等方面的优惠，出现了其上并未注明"转换"字样的转换提单。这种转换提单具有如下特点:

（1）在原提单上并不注明"转换"字样。

（2）承运人在签发转换提单时并未收回原全套正本提单。

（3）转换提单的份数与原提单的份数不一定相同，可能还会发生"并单"或"拆单"现象。比如，当中间商从若干家卖方购入货物后再转手卖给一家或几家买方时，中间商可能会要求承运人在换单时将已签发给若干家卖方的原提单进行"并单"或"合单"处理，以适应转卖给一家或几家的需要；反之，当中间商将一张提单下的货物转卖给若干家买方时就需要承运人换单时对该提单进行拆单处理。

（4）转换前后的提单的很多项目，甚至提单的格式、条款也发生了变动。提单转换前后有关项目的变动情况如表 1-3 所示。

表 1-3 提单转换前后有关项目的变动情况

项目	转换前提单	转换后提单
装货港	实际装货港	拟议中的中转港
卸货港	拟议中的中转港	实际卸货港
签单地	实际装货港	拟议中的中转港
托运人	实际托运人	中间贸易商
通知人	中间商在换单地的代理或分支机构	实际收货人或其代理

2. 转换提单签发的条件

转换提单的签发应满足以下条件：

（1）货主（申请人）要求签发或办理转换提单时，应提出书面申请，经同意后方可办理；

（2）如第一套提单的收货人或通知方提出在航线挂靠的范围内更改卸货港时，必须提供收货人同意的书面确认，并由收货人在提出的书面文件上确认承担的风险、费用和责任；

（3）如第一套提单的收货人或通知方要求在航线挂靠的范围外更改卸货港时，还应得到船公司的书面确认。

【案例 1-30】2020 年 6 月 29 日，船公司在 10 000 t 钢材货物装船后，向卖方签发了一式三份正本提单，该提单载明：装货港圣彼得堡，卸货港中国深圳，收货人为 A 公司。7 月 27 日，买方 A 公司支付了 220 万美元后取得一式两份正本提单（销售合同规定卖方提供一式两份正本提单），其后，尚欠的 58 万美元余款一直未付。9 月 20 日，卖方致函船公司，称其与 A 公司的买卖合同已取消，要求船公司注销 6 月 29 日签发的提单，重新签发一套提单，签发日期为 2020 年 8 月 27 日。为此，船公司依卖方要求签发另一套提单，并在目的港将货物交给另一套提单的收货人。A 公司因没有收到货物，于 10 月 21 日通过海事法院扣押了船公司停泊在赤湾港锚地的另一货轮，并提起诉讼要求船公司赔偿其损失。经查，买方仍持有两份正本提单，卖方在开庭时提交了另一份正本提单。

【案例评析】

（1）船公司辩称：买卖双方已解除了货物合同，故 A 公司所持有的两份正本提单已经作废，属于无效提单。此种说法是否正确？

错误。货物买卖合同和海上货物运输合同是两个合同关系。即使前一个合同失效，但在海上货物运输合同中，A 公司仍持有提单，仍享有提单项下货物的所有权。

（2）船公司是否应承担责任？其换单行为的不当之处有哪些？

应承担责任。A 公司作为国际货物买卖合同的买方，是否付清货款和是否取得全套正本提单,属于买卖合同纠纷,不影响船公司履行承运人的义务,及其对所签发的提单所应承担的责任。不当之处:未能收回原来签发的全套正本提单。

(3)货物买卖双方的不当之处有哪些?

作为卖方,在交付提单(即使是部分提单也是如此)之前,应取得全部货款或采用信用证结算,以确保收到货款;作为买方,应在合同约定以取得全套提单而不是部分提单作为付款条件。

第三节　托运业务单证操作实务

一、托运业务单证的构成与内容

托运业务单证,是指在出口托运阶段,记载某票货物从托运、承运、货交承运人直至装船这一期间在不同责任方流转过程的单证。

1. 订舱委托书

订舱委托书(Booking Note),也称托运单、订舱单、订舱申请书,它本来是由船公司或其订舱代理印制,供托运人或其代理订舱时使用。不过,目前,许多货运代理已印制自己格式的订舱委托书,以供托运人委托订舱时使用。同时,在散杂货运输中,许多船公司已将其取消,改用装货单来替代,在集装箱运输中,则将其与装货单合并,成为场站收据联单中的一部分。

2. 装货联单

散杂货的出口报关和入港、装船的交接均需使用装货联单。装货联单,也称三联单,一般由船舶代理公司印制并提供给托运人来填写。

(1)装货单(Shipping Order),也称"下货纸""排载单",是由承运人或其代理签署而形成的一份出口货运的承诺性书面文件。该文件不仅作为托运人办理货物出口报关手续的必备单据之一向海关递交,而且经海关查验并加盖海关放行章后则作为承运人代理接收货物、安排货物装船与出运的依据。因此,装货单通常也被称为"关单"(Customs Declaration)。

(2)收货单,也被称为大副收据(Mate's Receipt,M/R),它与第一联装货单同时随货而转移,直至货物装上船后由大副在该联上签字确认收到所列货物,再经理货、港方返回给托运人,托运人凭大副已经签收的大副收据到代理公司换取正本提单。在实践中,存在许多不规范操作,比如,在装船时,许多大副直接在装货单上对包装或货物不良状况予以批注。

(3)留底联(Counterfoil),可以印制数联,分别由代理、托运人和其他有需要的部门保存备查。

3. 场站收据联单

集装箱货物的出口报关和入港、装船的交接,通常使用场站收据联单,也简称为场站收据。它通常包括集装箱货物托运单(Booking Note,B/N)、装货单(Shipping Order,S/O)、场站收据(Dock's Receipt,D/R)等各联。

表1-4为目前使用最广的标准十联场站收据的名称与用途。

表1-4　目前使用最广的标准十联场站收据的名称与用途

顺序	名称	颜色	主要用途
1	集装箱货物托运单——货方留底	白色	系托运合同,托运人留存备查
2	集装箱货物托运单——船代留底	白色	系托运合同,据此编制装船清单等
3	运费通知(1)	白色	计算运费
4	运费通知(2)	白色	运费收取通知
5	装货单——场站收据副本(1)	白色	报关单证之一并作为海关许行的证明
	缴纳出口货物港杂费申请书	白色	港方计算港杂费
6	场站收据副本(2)——大副联	粉红色	报关单证之一,并证明货已装船等
7	场站收据	淡黄色	报关单证之一,船代凭此签发提单
8	货代留底	白色	缮制货物流向单
9	配舱回单(1)	白色	货代缮制提单等
10	配舱回单(2)	白色	根据回单批注修改提单

场站收据
十联单

场站收据各联的内容均包括提单上所涉及的内容以及诸如可否转船、可否分批、装期、有效期、金额、制单日期等有关信用证对运输要求的项目。其中,第一~二联与第三~十联存在以下内容的差别:第一~二联中下部增列了运费吨、运费率、运费预付与到付金额等有关运费及附加费计算栏,而第三~十联中下部增列了集装箱箱号、封志号和件数、实收数、场站员签字、接收日期等由场站人员填写的内容,以及需要船代确认的"订舱确认"栏。由于其两者不同的内容均设置在相同的部位(即单证的中下部),加之有关运费及附加费计算栏在实践中并不需要填写,这样,在订舱时,可同时制作十联单,待集装箱场站接收货物并装箱后,就可在三~十联中填写实际接收的集装箱箱号、数量等。

"场站收据"是发货人或其代理人编制,由承运人或其代理签发的,反映货物交接情况以及货物状态的凭证,它具有以下特点:

(1)目前有关场站收据的联数,各口岸尚未统一。

大连口岸使用的七联单为:第一联,集装箱货物托运单(白色,船代留底);第二联,装货单(白色,场站收据副本);第三联,场站收据副本(粉红色,大副联);第四联,场站收据正本(淡黄色,俗称黄联);第五联,装箱理货留底(白色);第六联,货代留底(白色);第七联,配舱回单(白色)。

厦门口岸使用的九联单为:第一联:集装箱货物托运单(货主留底);第二联:集装箱货物托运单(船代留底);第三联:运费通知(1);第四联:运费通知(2);第五联:提箱申请书;第六联:装货单—场站收据副本(第六联附页:缴纳出口货物港务费申请书);第七联:场站收据副本—大副联;第八联:场站收据;第九联:货代留底。

天津口岸使用的十联单为:第一联,集装箱货物托运单(白色,货主留底);第二联,集装箱货物托运单(白色,船代留底);第三联,集装箱货物托运单(白色,货代留底);第四联,场站收据副本(淡蓝色)——装货单;第五联,场站收据副本(粉红色)——大副联;第六联,场站收据(淡黄色);第七联,海关副本(白色);第八联,港口费收结算联(浅蓝色);第九联,货主留底(白色);第十联,货主留底(白色)。

（2）许多口岸逐步减少副本数量，以节约成本。

尽管目前暂无关于取消场站收据的通知全国性的文件，但上海、天津等海关已在场站收据电子化方面开展了一系列尝试，开始实施无纸化电子通关。实施无纸化通关后，海关将不再要求场站收据上加盖海关放行章，码头也不再接收有电子放行信息的场站收据。

（3）场站收据的功能相当于散杂货的订舱委托书加装货联单。

它与散杂货的区别在于，集装箱货物报关报验后入港交给码头（CY），由码头收箱并签署"场站收据"，货主就已经完成了向承运人交付货物的义务。但由十此时集装箱尚未装上船，为了划分港航之间的交接责任，以及证明货物已装上船，因而需要增加场站收据副本——大副联。

综上所述，从托运业务单证所具有的功能上考虑，在散杂货运输中，这套单据至少应包括托运单、装货单、收货单（大副收据）三联，其中大副收据用于换发装船提单；在集装箱运输中，这套单据至少应包括托运单、装货单、场站收据正本联和场站收据大副联四联，其中场站收据正本联用于换发待装船提单，如欲换发装船提单，还需要待货物装船并签发场站收据副本联——大副联。

二、托运业务单证的流转程序与各相关方的责任

1. 流转程序

场站收据流转示意图如图1-3所示。显然，第五～七联，即装货单—场站收据副本（1）、场站收据副本（2）——大副联，场站收据正本是最重要的单据，它在货物报关、收货、装船及换发提单等环节中发挥重要的作用。

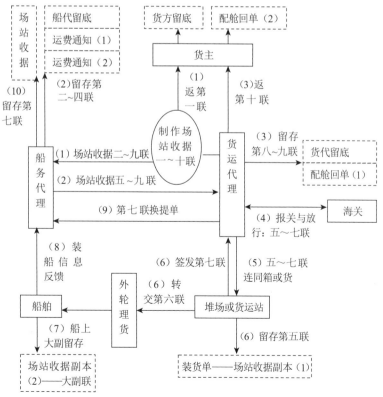

图1-3　场站收据流转示意图

2. 各相关方的责任

就场站收据各有关方而言,场站收据的签发意味着各自责任的终止或开始(见图1-4)。对于托运人而言,货物一旦交付船公司或其代理,并由船公司或其代理签发场站收据,则在相当程度上表明责任即告终止。而对船公司而言,场站收据的签发在一定程度上等于提单签发,从而对货物开始承担责任,只不过在赔偿货方以后,可以行使追偿权,向相关货运站或堆场追偿其损失。

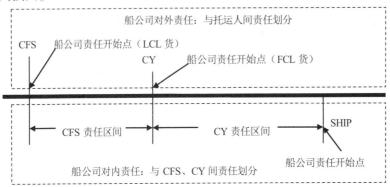

图 1-4 场站收据有关各方责任划分示意图

表 1-5 为场站收据制作与签发时有关方的地位、责任及应注意事项。为此,船公司或代理在签发场站收据应避免出现以下错误:

(1)货物尚未进堆场或货运站,但场站收据已签发。

(2)场站收据已签发,且已签发装船提单,但货物尚未装船。

表 1-5 场站收据制作与签发时有关方的地位、责任及应注意事项

关联方	法律地位	有关方责任及应注意的主要事项
托运人	场站收据当事人	(1)如实制作场站收据:对运输特殊货、危险货,除应详细记载货物性质、包装、种类外,还应注明运输要求、注意事项。应做到单货、单单相符。 (2)取得海关许可许可:交付货物或集装箱必须经海关放行,其装货单必须加盖海关放行章。 (3)对于自行装箱的整箱货,应对箱内货物承担责任
堆场或货运站	船公司的收货/箱代理	(1)货物装箱后,装箱点应将场站收据的箱号、铅封号、箱数及时告知托运人,托运人将这些数据填制在场站收据相应栏内。 (2)核收货物并在场站收据上签字盖章。在签发之前应注意审核:场站收据第五联上是否加盖海关放行章？货物内容与单证记载内容是否相符？进场的集装箱的铅封号、箱号、箱数等是否与单证记载相符？随附单证是否单单相符？对于拼箱货,如果接收货物的外表状况不良,货运站业务人员签收场站收据时应做出如实的批注;对于整箱货,场站业务人员签收场站收据或承运人签发提单时应加注不知条款,以保护自己的利益。对拼箱货,货运站不仅对装箱负责,而且其业务人员应采用一票一单签收场站收据。对于结关后,经港方同意的一些零星直装的集装箱,堆场业务员应对这部分场站收据实行随到随签收,随送理货员。 (3)堆场业务员必须在结关后,立即将大副联分批送交理货员,最后一批单据不得迟于船舶开装前4 h送交。

续表

关联方	法律地位	有关方责任及应注意的主要事项
		(4)堆场业务员应在船舶开航后4 h内,采用书面的形式(联系工作单)向船务代理提交退关箱及已签发的场站收据的情况。 (5)船公司赔偿货方损失后,有权向堆场或货运站追偿因其工作过失而造成的损失
船公司	场站收据当事人	(1)承担场站收据的责任,但场站收据仅是证明承运人已接收单据下的货物,并开始承担责任的初步证据。 (2)经托运人的要求,有义务自行或委托代理凭场站收据签发提单
外轮理货公司	船公司的理货代理	(1)在收到堆场送来的场站收据大副联后,在集装箱装船时应将装船的集装箱与全部有关的单据进行核对。经核对无误后,送交船上大副。如有误,应通知船代更正场站收据,经更正后,方可装船。 (2)装船完毕,应编制船舶积载图并应与船代现场人员核对"舱单"
船舶代理	船公司的订舱与签单代理	(1)在订舱确认之前,应注意审核:是否指定船公司、船名? 是否规定货物运抵日期或期限? 有无特殊运输要求? 是否应收订舱押金? 托运人提出的运输要求能否做到? 托运人所填制的场站收据是否完整、有误? 是否需要先行向承运人请示批准? 等等。 (2)及时通知托运人及有关单位有关场站经营人所提交的场站收据及装船日期等资料与信息。 (3)在签发提单时应注意审核:运费是否已支付(如为预付运费)? 场站收据是否有批注? 签发几份正本提单? 货物是否实际装船(如为装船提单)?

(3)货物未经海关核准放行,但场站收据已签发。

(4)货物外表存在不良等情况时未能在签发场站收据时加以如实批注。

(5)有关承托双方协商确定是诸如是否允许转船、运费支付方式等可能危及船公司利益的条款未能批注于场站收据上。

(6)货运站或堆场未经船公司授权而签收场站收据。

(7)在港至港责任下,在内陆货运站签发场站收据。

第四节　箱管业务单证操作实务

为了对集装箱实施有效的管理,箱管部门应及时提供集装箱动态信息报告,并根据要求编制包括装箱/拆箱日报、装卸船报、盘存周报、盘存半月报、盘存月报,检验(修理、清洗)箱周报、租还箱报、超期使用费收通知、集装箱发放通知单/空箱提交单、进场/出场设备交接单等箱管单证。

一、集装箱发放通知单或空箱提交单

集装箱发放通知单(Container Release Order)或空箱提交单(Equipment Despatch Order),是船公司或其代理指示集装箱堆场将空集装箱及其他设备提交给本单持有人的书面凭证。船公司或其代理根据订舱清单向发货人（整箱货）或集装箱货运站（拼箱货）签发发放通知单，并通知集装箱堆场。在货主或集装箱货运站向集装箱堆场提出空箱时，须出示这种单证，而集装箱堆场只向持有本单证的人发放空箱。

集装箱发放通知单或空箱提交单一式三联，由船公司或其代理签发，除自留一联备查外，发货人或集装箱货运站和集装箱堆场各持一联。

集装箱发放通知单或空箱提交单由用箱人/运箱人名称、提箱地点、船名/航次、提单号、集装箱经营人、集装箱号、铅封号、箱子尺寸及类型、箱子状态（空箱还是重箱）、运载工具牌号、发往地点、返回地点、免费使用期限、出场目的（拆箱、重箱装船、空箱装船、装箱、检验、修理、起租、退租、堆存、清洗、熏蒸）等内容构成。

二、集装箱设备交接单

1. 设备交接单的概念与作用

设备交接单（Equipment Interchange Receipt 或 Equipment Receipt，E/R），是集装箱所有人或其代理签发的用以进行集装箱等设备发放、收受等移交手续并证明移交时箱体状况的书面凭据。

设备交接单

设备交接单作为集装箱在流转过程中，每个环节所发生变化和责任转移的事实记录，除了用于对集装箱的盘存管理和对集装箱进行跟踪外，还可代替集装箱发放通知单兼作箱管单位提供用箱人或其代理据此向港站办理提取、交接或回送集装箱及其设备的依据，更是划分箱体在使用过程中的损坏责任的唯一依据。

2. 设备交接单的构成与流转程序

设备交接单分为进场设备交接单和出场设备交接单两种。设备交接单一般由船舶代理留底联（白色）、码头堆场联（白色）和用箱人、运箱人联（黄色）等三联构成。出场设备交接单流转示意图如图1-5所示。

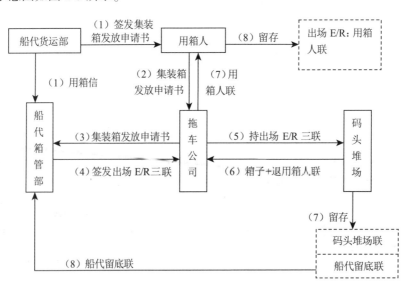

图1-5　出场设备交接单流转示意图

3. 设备交接单的批注与签发

（1）设备交接单的批注

凡是有下列情况之一的，均应在设备交接单上予以批注：

①箱号及装载规范不明、不全，封志破损、脱落、丢失、无法辨认或与进口文件记载不符；

②擦伤、破洞、漏光、箱门无法关紧；

③焊缝爆裂；

④凹损超过内端面 3 cm，凸损超角件外端面；

⑤箱内污染或有虫害；

⑥装过有毒、有害货物未经处理；

⑦箱体外贴有前次危险品标志未经处理；

⑧集装箱附属部件损坏或丢失；

⑨特种集装箱机械、电气装置异常；

⑩集装箱安全铭牌（CSC Plate）丢失。

（2）设备交接单签署应注意的事项

①应注意审核各栏所填项目是否正确。由于各自利益不同，其审核的内容也有所区别。对船舶代理（箱管单位）而言，主要审核用箱人、箱子来自地点、返回或收回地点、船名/航次、箱型/箱类、经营人、提单号、费用与免费使用期、进出场目的/状态。对用箱人/拖箱人而言，主要审核拖车牌号，拖箱人拖箱时间与地点，拖箱时箱子外表状况，所拖箱子种类、规格是否与单证记载一致。对堆场而言，主要审核集装箱进出场时间、进出场箱子的外表状况、拖箱人、拖车号是否与单证记载一致、提单号是否有效等。

②设备交接单一经签发，不得更改，凡需更改的，必须到船舶代理处办理更正手续，并在设备交接单更正处加盖箱管更正章，其他更正章一律无效。未经办理更正手续的设备交接单一律不得进入港区、场/站使用。

第五节　交付业务单证操作实务

一、交付业务单证的构成与制作

交付业务单证，是指在目的港供船货双方办理提货通知、提货手续、缴费与货物交付等业务单证的总称。

1. 构成

如表 1-6 所示，交付业务单证通常由到货通知联（白色）、提货单联（白色）、费用账单联（红色和蓝色两联）和交货记录联（白色）五联构成，也有的公司在五联单的基础上再增加交货记录一联，即六联单。这套业务单证通常称为提货联单或简称提货单。

表 1-6　提货单各联的名称与用途

顺序	名称	颜色	主要用途
1	到货通知联（Arrival Notice）	白色	通知提货及确认提货日期和日后结算箱子或货物堆存费依据
2	提货单联（Delivery Order）	白色	报关单证之一及提取货物和便于货方进行某些贸易、交易(拆单)
3	费用账单（1）联	红色	用于场站向收货人结算港杂费
4	费用账单（2）联	蓝色	用于场站向收货人结算港杂费
5	交货记录（Delivery Record）	白色	证明货物已经交付，承运人对货物运输的责任已告终止的单证

提货单

（1）到货通知书（Arrival Notice）

它是船公司卸港代理向收货人或通知人发出的要求收货人及时提取货物的通知。到货通知书除了确认提货日期外，也是日后结算箱子或货物堆存费，防止在费用计算上发生纠纷的单证。值得注意的是，提货通知只不过是船公司为使货运程序能顺利地完成而发出的单证，船公司并不承担因通知不着或不及时而引起的责任风险。

（2）提货单（Delivery Order，D/O）

提货单俗称"小提单"，它是由船舶所有人代理签发给提单持有人或其他指定收货人的要求在规定时间和指定地点提取指定货物的单证。它既是收货人有权向场站提取货物的凭证，也是承运人或其代理对场站放箱交货的通知。船公司或其代理签发提货单时，除了收回正本提单并查对进口许可证外，还须收货人付清运费及其他一切有关费用；当然，在实际操作中也存在未收回正本提单而签发提货单的现象。

（3）费用账单

费用账单是供码头或货运站向收货人计收货物港杂费的凭证。

（4）交货记录

交货记录是承运人或其代理把货物交付给收货人或其代理，双方共同签署的证明货物已经交付，承运人对货物运输的责任已告终止的单证。

2. 制作

（1）各联中的船、货栏，除进库场日期外均由船代填制，费用计算栏和交货记录栏由港区、场站经营人填制。

（2）有关盖章、签名栏由相关责任单位盖章签名。

（3）船代填制箱号时，可在标记与箱号栏前面加序号，港区、场站在填写交货记录联的记录栏时，可只填写序号，不填写箱号。各联的标记与箱号栏的空格为 10 个，当每票货的箱数超过 10 个时，可加附页。附页各联填写方法与正页相同，但在各联附页的右上角需要写上附一、附二等标志。

二、交付业务单证的流转程序

1. 传统纸面方式的流转程序

如图 1-6 所示，交货记录需要经过船代缮制并发送提货通知书、收货人提交正本提单（或出具保函或电放）并支付到付运费、船代签发提货单、收货人办理一关三检手续、收货人办理码头提货预约并支付港杂费以及现场提货等环节。

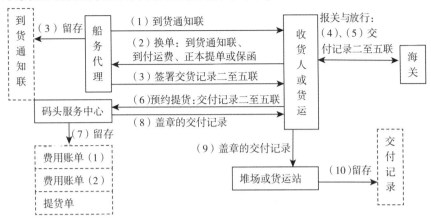

图 1-6　提货单流转示意图

2. 电子方式的流转程序

目前,上海、天津、宁波等口岸已启动进口货物提货单电子签章放行的工作模式,进一步推动进口货物无纸化放行。以下为上海口岸电子化提货单业务操作程序:

(1)货代工作人员(或代理人)持正本提单前往船代处换取纸面提货单。

(2)船代工作人员处理换单业务时,须及时发出货代企业的电子提货单到"大通关"数据处理平台,同时在纸面提货单上盖船代章。船代发送的电子提货单信息必须准确、完整、规范。

(3)货代(或其代理人)登陆"大通关"数据处理平台网站页面,确认其需要申报的提货单,并补充录入监管部门需要申报人提供的一些数据。

(4)"大通关"平台将提货单报文、海关/码头舱单报文以及货代网上确认信息整合为检验检疫所接受的检验检疫舱单报文转发给上海出入境检验检疫局(以下简称"国检")。国检核对检验检疫舱单和报检人的申报信息后,将国检放行信息发送给"大通关"平台。

(5)海关核对报关单信息和舱单信息及其他单证的纸面或电子信息进行审核,通过后,将海关放行信息发送给"大通关"平台。

(6)"大通关"平台将有海关和国检放行的电子提货单信息同时发送给理货、船代/船公司和陆管。货代向"大通关"平台发送电子理货申请、电子拆箱运输申请,"大通关"平台转发给相应单位。

(7)理货、陆管、船代/船公司审核通过后,将确认信息发送给"大通关"平台。

(8)"大通关"平台将海关、国检、理货、陆管、船代放行的电子提货单信息发送给码头。

(9)客户持盖有船代/船公司章及收货人章的纸面提货单到码头提货。

(10)码头将集装箱出场信息发送给"大通关"平台。

第二章

国际海运货代费用

[开篇案例] 全球海运集装箱价格飙升

几十年来,海运一直是全球化的最佳助力,虽然海上运输速度比空运慢,但价格要低得多。目前,全球消费的 90% 的商品都是通过数十万吨的重型集装箱船运输。2021 年,由于疫情导致供应链大混乱,个别经济体成了全球主要货物出口国,出现了部分港口集装箱"堆积如山",部分港口却"一箱难求"的海运怪象。高昂的海运价格阻碍着全球的经济复苏,集装箱堵塞导致供应链中断,全球产业链、供应链安全面临严峻的挑战。

第一节　概述

一、国际海运货代费用的计算

海运货代作为代理人,业务活动中涉及的费用主要是向委托人收取的货运服务费以及代收代付费用。表 2-1 为天津口岸进出口集装箱(整箱货)杂费一览表。值得注意的是,提供此表的目的是便于读者从中了解货代费用的构成情况,实际上,即使同一口岸,也会因船公司、码头以及货种等不同而导致费用有所差异。

表 2-1　天津口岸进出口集装箱(整箱货)杂费一览表

出口(场站装箱)		进口(工厂拆箱)	
费用名称	价格(人民币)	费用名称	价格(人民币)
港杂费	185~260 元/20′,310~450 元/40′	港杂费	200 元/20′,300 元/40′
装箱费	450~650 元/20′,550~950 元/40′	港口堆存费	6 元/箱天(20′),8 元/箱天(40′)
THC	460 元/20′,740 元/40′	THC	460 元/20′,740 元/40′
TTS(天津港口附加费)	100 元/20′,150 元/40′	转栈费	240 元/20′,350 元/40′
安保费	20 元/20′,30 元/40′	转栈堆存费	6 元/箱天(20′),8 元/箱天(40′)
舱单费	20 元/票	吊装费	100 元/20′,120 元/40′
文件费	150 元/票	代理服务费	100 元/箱
电放费	200 元/票	换单费	300 元/票
改单费	200 元/票	卫检费	100 元/箱
报关费	135 元/票	报关费	200 元/票
报检费	200 元/票	报检费	200 元/票
运抵报告费	200 元/20′,300 元/40′	回空费	100 元/20′,150 元/40′
熏蒸费	400 元/20′,600 元/40′	陆运费	面议
贴熏蒸标识	10 元/贴	包装检验费	实报实销(采用木质包装时)
需要木托盘	150 元/个	滞箱费	实报实销
美线 AMS 费	25 美元/票	修箱费	实报实销
合计	约 1 700 元/20′,约 2 500 元/40′	合计	约 2 200 元/20′,约 2 800 元/40′

(一)货运服务费

货运服务费是指海上货代向委托人收取的代理服务费用,具体包括以下收费项目:

1. 操作费

操作费是指海上货代提供代理操作服务时收取的费用。其主要是指代办订舱、换单的费用。比如,订舱操作费:250 元/票,换单操作费:300 元/票。当然,与普通箱相比,特殊箱的收费标准一般上浮 25%。

2. 签单费

签单费是指海上货代作为无船承运人时因签发提单而收取的费用。一般而言,签单费为每票 250 元。签单费包含了海上货代应向船东支付的"单证费"(或称"提单签发费""文件费")。因而,本项收费会随船东"单证费"变化而做相应调整。

3. 其他费用

如提供诸如代办报关、报检、监装监卸、配合查验等服务,则应收取相应的费用。此外,如果为船公司的订舱代理,还可从船公司处收取订舱佣金。

（二）代收代付费用

代收代付费用项目的构成,与委托人及委托业务有关。

1. 船公司或船代收取的费用

海上货代除垫付海运费外,还包括各类附加费用。以下为常见的几种:

（1）订舱费

（2）出口文件费（DOC）、电放费（TLX）

出口文件费,也称集装箱单证费（Document Fee）、签单费、提单费,主要用于支付签单等服务支出,一般按票数计收。此外,对于拼箱货物和分票货物,按并单或拆单后实际签发提单的票数收取文件费。

电放费（TLX）系办理提单电放时,船公司收取的服务费用,一般按票计收,300元/票左右,如正本后再要求电放,还需再支付文件费。

（3）码头操作费

码头操作费用（Terminal Handing Charges,THC）,是船公司向货主征收的用于支付码头操作的附加费用。在不同国家和地区,该附加费有不同的称谓,比如,始发地交接费用（Original Receiving Charges,ORC）、目的港交接费（Destination Delivery Charges,DDC）、堆场费（CY Charges）。

目前,THC费用标准,因航线不同而有所差别,而且船公司也随时进行调整。

（4）集装箱有关费用

集装箱有关费用包括集装箱滞期费、铅封费和设备交接单费、"空柜押金""压箱费"等。

与铅封和设备交接单相关的收费,华东、华北地区称为"封签操作管理费"（简称"铅封费"）,深圳称为"柜单费""打单费",部分港口称为"封箱单费""设备交接单费""箱单费"等,马士基公司则统一称为设备操作管理费（Equipment Operation Management Fee）。该费用,依铅封数和箱单打印数向提箱客户收取的费用,铅封费一般为10~50元/SEAL,箱单费在每标准箱10~30元不等。当然,如发生退单、改单的,还会产生EIR退单费、EIR改单费。

此外,铅封费和设备交接单费原来是由车队在开具放箱单和设备交接单时刷卡收取,随着车队的抵制,许多船公司改为与订舱代理直接结算,即在进口换提货单或出口签提单时收取。

（5）换单费

换单费（D/O Fee）,一般为200~300元/票。在签发货代提单的情况下,会涉及两种换单费,一种是船公司换单费,另一种是货代换单费。

（6）其他费用

比如,PSS（旺季附加费）、CIC（箱不平衡费）、EBS（紧急燃油附加费）、ISP（安检费）、ASC（欧盟反恐单证费）、AMS（反恐附加费）等。再比如,AMS一般标准为USD25/SHIPMENT,每次更改费用一般为USD40/SHIPMENT。

2. 货运站、仓库收取的费用

具体收费项目,应视服务内容而言,但一般均会收取所谓的入仓费或进仓费,它是指仓库安排货物入库时收取的手续费,包括文件处理费、装卸费、停车费等。有的地区仓库,该项费用称为登记费、地面处理费、卸货费、停车费等。

3. 码头收取的费用

作为货主,主要支付货物港务费、港口建设费、港口设施保安费、港口堆存费,以及其他有关仓储等操作的劳务费用。

二、国际海运货代费用的结算

1. 国际海运货代费用计收方法

实务中,常用的费用计收方法主要有以下几项:

(1)包干计收法。它根据委托业务的内容与要求,由报价人测定业务各项费用后以总费用包干或一揽子费用形式向委托人计收费用。

(2)部分包干计收法,即对整个业务的部分项目费用实行包干计收,其余按项目产生费用照实计收。其中,包干费用,主要针对环节比较复杂或费用难以估计的业务部分;照实计收,主要针对作业清晰和费用明确的业务部分。

2. 国际海运货代费用结算

海运货代费用结算是指企业财务部门对业务相关费用与费收进行整理、汇总、核实、确认和结清的整个过程。

至于结算方式,主要有即时结算与定期结算。对于零星、不熟悉的一般客户,应按票结算其应收和代付的费用,见款放单;对于大客户,可以定期结算,比如,按月结算。尽管定期结算有利于扩大销售,但由此可能会产生风险,因此,海运货代选择何种结算方式,需要综合考虑可能产生的风险与市场竞争状况,不能一概而论。

第二节　国际海上班轮杂货运费的计算

一、选择运价本

运价本(Tariff),也称费率本或运价表,主要由条款和规定、商品分类和费率三部分组成。根据费率形式的不同,可分为商品等级运价表和商品费率运价表。

1. 商品等级运价表

商品等级运价表(Class Rate Freight Tariff),也称等级运价表,是按商品等级来确定运价的。大多数运价表都将货物划分为 20 级,同样航程下,1 级商品的运价最低,商品级数越高,运价越高。在计算运费时,首先根据商品的名称在"商品分级表"(Scale of Commodity Classification)中查找出该商品所属等级,再从该商品的运输航线或运抵港口的"等级费率表"(Scale of Rates)中查找该级商品的费率。

2. 商品运价表

商品运价表(Commodity Rate Freight Tariff),也称单项运价表(Single Rate Freight Tariff)、列名运价表,它是按照货物名称和航线名编制的运价表。在这种运价本中,每一种货物的运价都很明确,无须与"货物等级表"配套使用。

在实践中,船公司基本上采用等级制运价,至于"一货一价"的商品运价,只是针对一些特殊的货物,比如,冷藏货、一般化工品、危险品等,有些公司采用商品运价表的形式制定运价。

二、查明运价协议及运价本的相关规定

根据承托双方签署的运价协议(如有的话)以及所采用的运价等,查明所运商品是否适用于议价、特价? 是否有特殊的规定等?

1. 回运货物

目前,对回运货物的运费给予一定的优惠。比如,"中远海集团一号运价表"规定,在目的港卸货后6个月内仍将原货物交由原承运人所属的船舶运回原起运港时,回程运费按原运费的90%计收。

2. 托运样品

凡符合规定要求的无商业价值的样品,一般可以要求承运人免费运送。

3. 一程运费、中转费和二程运费

在实际业务中,有的要求一程运费、中转费和二程运费三部分运费均由货方承担,俗称之为三道价。有的一程运费由二程船公司承担,而仅要求货方承担中转费和二程运费;有的中转费与一程运费包干计算,而仅向货方收取一程运费(包干)和二程运费,这种收费俗称二道价。有的仅要求支付二程运费,不必支付一程运费和中转费,这种方式俗称一道价。

4. 最低运费

最低运费是指承运人对一票货物或集装箱的最低收费数额,也称为起码运费。在收取起码运费的情况下,也应按规定加收各种附加费。最低运费是按提单计收的,因而,对应这票货的提单称为起码提单。

三、确定航线、基本港与计费单位

1. 确定航线

根据装货单或托运单留底,查明所运商品的装货港和目的港所属航线。

2. 明确基本港与非基本港

基本港(Base Port)是班轮运价表中规定船舶定期挂靠的港口。运往基本港的货物一般均为直达运输,无须中途转船,承运人除按基本港口运费率向货方收取运费外,不得加收转船附加费或直航附加费,并应签发直达提单。

非基本港是指基本港以外、班轮不常挂靠的港口。对于非基本港,承运人除按基本港收费外,还需要另加收转船附加费,当货运量达到规定限额时则改收直航附加费。

3. 确定计费单位

计费单位,也称计费标准,目前,运费的计算标准不尽相同,例如,对于重货,一般按重量吨(Weight Ton)作为运费吨/计费吨(Freight Ton,FT/Revenue Ton, RT,西方人常用 RT,中国人常用 FT)计收运费;轻泡货按体积吨(Measurement Ton)计收,有些价值高的商品按FOB 货值的一定百分比计收。以下为运价表中常用的6种计费单位:

(1)注明"W"。表示按商品的毛重,以重量吨为计费单位,1 MT(公吨,1 MT = 1 000 kg)为 1 重量吨,1 重量吨以下取小数点后三位。

(2)注明"M"。表示按货物"满尺丈量"的体积,以 m³ 为计费单位,1 m³ 为 1 体积吨,

1 体积吨以下取小数点后三位。

（3）注明"M/W"。表示分别按重量吨和体积吨计算运费，并选择其中运费较高者作为计费单位。

（4）注明"Ad. Val"。表示按货物 FOB 价格的一定百分比收取运费，即从价计费。

（5）注明"Ad. Val or W/M"。表示分别按从价运费和毛重、体积计算运费，并选择其中运费高者作为计费单位。

（6）注明"W/M plus Ad.Val"。表示按重量吨或体积吨再加从价运费。

在海运中，体积吨与重量吨的换算率为 1 : 1，即 1 m^3 = 1 MT。

四、确定基本费率与附加费

1. 基本费率

基本费率（Basic Rate）是运价表中对货物规定的必收的基本运费单位。它是运价的主要部分，是其他一些按百分比收取的附加费的计算基础。

在商品费率运价表中，基本费率是按商品品名予以标明；在等级运价表中，基本费率则按各航线的等级费率予以标明。对于不按等级费率计算的商品，都开列单独的基本费率。比如，一些航线上单独规定了"议价货"（Open Rate Cargo）、冷藏货和活牲畜费率，个别航线上还定有"特别费率"（Special Rate）。凡被列入议价、特价的商品，原等级费率中规定的等级和费率均不得再用，应以议价、特价基本费率为准。

2. 附加费

附加费（Surcharge or Additional），是指除基本费率外，规定另外收取的费用，以补偿由于船舶、货物、港口及其他方面的种种原因，使得船方在运输货物时增加费用开支或蒙受经济损失。

附加费种类繁多，通常包括以下五大方面。不过，随着一些情况的改变，船公司会取消或制订新的附加费。

（1）燃料方面。比如，燃油附加费（Bunker Surcharge，BS or Bunker Adjustment Factor，BAF）。

（2）货币方面。比如，货币贬值附加费（Devaluation Surcharge or Currency Adjustment Factor，CAF）。

（3）港口方面。比如，港口附加费（Port Surcharge），港口拥挤附加费（Port Congestion Surcharge），选择卸货港附加费（Optional Fees or Optional Additional），变更卸货港附加费（Alteration Charge）。

（4）货物方面。比如，超重附加费（Heavy-Lift Additional）、超长附加费（Long Length Additional）、洗舱费（Cleaning Charge）、熏蒸费（Fumigation Charge）、冰冻附加费（Ice Surcharge）。

（5）船舶方面。比如，转船附加费（Transshipment Additional）、直航附加费（Direct Additional）、绕航附加费（Deviation Surcharge）。

（6）其他方面。比如，苏伊士运河附加费（Suez Canal Surcharge）。

海运附加费
大百科

五、计算运费

根据基本费率和附加费，计算出实际运价。其中，基本运费＝基本费率×计费吨；各种附加费用的计算办法，或者是在基本运费的基础上以一定的百分比计算，或者是按绝对数计收。

【例2-1】一批棉纺织品，毛重为1.020 MT，体积为3.040 m³，目的港为一基本港，基本费率为人民币37.00元，W/M，燃油附加费每运费吨人民币8.50元，港口附加费10%，求运费。

由于重量吨小于体积吨，所以该货物计费吨应为3.040 MT，

该货物运费=（37.00+8.50+37.00×10%）×3.040=149.57元。

【例2-2】天津出口至智利衬衫100 m³，需要经香港转船后运往目的港。假定该货物运费等级为10级，计费单位为M，第一程运费为25美元/m³，第二程运费为140美元/计费吨，中转费为75港元/计费吨，美元与港币的比率为1∶7.8，燃油附加费按基本运价的10%计算，求运费。

运费=［（25+25×10%）+75/7.8+（140+140×10%）］×100=19 111.54美元。

第三节　国际海上集装箱运费的计算

一、国际海上集装箱运价的特点

如表2-2所示，与班轮杂货运价相比，海上集装箱班轮运价具有独特的特点。

表2-2　班轮杂货运价与海上集装箱班轮运价主要项目对比

对比项目	集装箱货物		班轮杂货
	整箱货	拼箱货	
普通货物费率级别	一般为4个级别费率或3个级别费率，比如：1～7级，8～10级，11～15级，16～20级；或者1～8级，9级，10～11级，12～20级等		21个级别费率，由商品20级与Ad. Val构成
货类划分	普通货、一般化工品、半危险品、全危险品、冷藏货5类，有的还单列出挂衣箱费率		普通货、冷藏货、活牲畜等
计费方式	除采用与班轮杂货相同的计费方式外，大多采用FCS，FCB，FAK等包箱计费	与班轮杂货计算方法相同	按等级费率或商品列名费率计收运费
超长、超重附加费	无（因系货主自行装箱，与船公司无关）	收，如CFS/CY减半收取	收取
变更目的港附加费	有	无（不允许变更卸港）	有
选择卸货港附加费	有	无（不允许选择卸货港）	有
转船附加费	有	有	有
对于家具、行李与服装的计费	对于非成组装箱的载于集装箱内的家具与行李，运费按箱内容积的100%计收；对于挂衣箱，运费按箱内容积的85%计收		按实际运费吨计收运费

续表

对比项目	集装箱货物		班轮杂货
	整箱货	拼箱货	
最低运费	每箱规定最低运费,计算办法与班轮杂货不同	每份提单规定最低运费	每份提单规定最低运费
最高运费	有	无	无
货物滞期费	有	有	有
箱滞期费	有	无	无
运价表费率适用范围	港至港(包括港区附近的货运站)间费用,有些运价本还可能包括内陆费用		舷(钩)至舷(钩)间费用

1. 运价结构取决于集装箱交接方式

如表 2-3 所示,随着国际集装箱多式联运的发展,集装箱运输中承运人收取的运费除了海上运费外,依交接方式的不同,还可能包括集装箱运输经营人应向港方集装箱码头堆场、集装箱货运站和内地支线承运人支付的有关费用。因此,在订舱时应了解班轮公司运价表中运价的构成,以明确在支付海上运费后是否还需要支付其他费用等。

表 2-3　不同交接方式下集装箱运价的结构

交接方式		发货地				海上运输	收货地				费用组成
		A	B	C	D	E	D	C	B	A	
LCL/LCL	CFS/CFS		√	√		√		√	√		B+C+E+C+B
FCL/FCL	DR/DR	√		√		√		√		√	A+C+E+C+A
	DR/CY	√		√		√	√	√			A+C+E+C+D
	CY/CY			√	√	√		√			C+D+E+C+D
	CY/DR			√	√	√		√		√	C+D+E+C+A
LCL/FCL	CFS/CY		√	√		√	√	√			B+C+E+C+D
	CFS/DR		√	√		√		√		√	B+C+E+C+A
FCL/LCL	DR/CFS	√		√		√		√	√		A+C+E+C+B
	CY/CFS			√	√	√		√	√		C+D+E+C+B

说明:表中发货地、海上运输、收货地和费用组成栏中的字母 A,B,C,D,E 所代表的含义如下:

A 代表内陆运输费(Inland Transportation Charge),包括铁路、公路、航空、内河、沿海支线运输所发生的运输费用。

B 代表拆拼箱服务费(LCL Service Charge),包括取箱、装箱、送箱、拆箱及理货、期间的堆存、签单、制单等各种作业所发生的费用。

C 代表码头/堆场服务费(Terminal Handle Charge),包括船与堆场间搬运、期间的堆存及单证制作等费用。

D 代表装/卸车费(Transfer Charge),包括在堆场、货运站等地点使用港区机械从货主接运的汽车/火车上卸下或装上箱子时的费用。

E 代表海运费(Ocean Freight),与传统班轮杂货的费用承担范围相同。

2. 在货物费率级别、货物分类及附加费等方面

（1）在货物费率级别方面。集装箱货物大多数分为 4 个费率级别，如：1～7 级、8～10 级、11～15 级、16～20 级；或者 1～8 级、9 级、10～11 级、12～20 级等。此外也有分成 3 个等级费率的；而班轮杂货则分为 21 个级别费率，由商品 20 级与 Ad. Val 构成。

（2）在货物分类方面，在集装箱班轮运价中，通常将货物分为普通货、一般化工品、半危险品、全危险品、冷藏货 5 类。而在班轮杂货运价表中，通常分为普通货、冷藏货、活牲畜等。

（3）在附加费方面。对超长、超重货物加收的超长、超重、超大件附加费（Heavy-lift and Over-length Additional），只是对拼箱货收取，其费率标准与计收办法与普通班轮相同。如果采用 CFS/CY 条款，则对超长、超重、超大件附加费减半计收；而对采用 CY/CY 的整箱货，因是货主自行装箱，故不应收取此附加费。

3. 在运价计算方面

与班轮杂货运价计算不同，在集装箱班轮运价计算方面，既有整箱货计费和拼箱货计费之分，也有最高运费和最低运费计算规定之分。

对于拼箱货，与传统班轮杂货的计费方式相同，主要按货物的重量或体积计收运费。对于整箱货，其计费具有以下特点：

（1）对于整箱货，目前普遍实行与传统班轮件杂货不同的计费方式——包箱费率（Box Rates）。它的特点是以每个箱子为计费单位，不计实际装货量。

（2）在特定情况下，可适用于最低运费与最高运费。

（3）增加了集装箱滞期费以及集装箱损坏、灭失的赔偿。其具体内容将在船舶代理业务中予以介绍。

二、国际集装箱整箱运价的计算

1. 包箱计费方式

整箱货，通常以箱为单位计收运费。实践中可分两大类，总计三种包箱费率形式。

（1）第 1 类：均一包箱费率（Freight for All Kinds，FAK）

它是指按箱子类型确定运价，即对每一集装箱不细分箱内货类、不计货量（当然不能超过规定的重量限额），只按箱子类型（普通货、一般化工品、半危险品、全危险品、冷藏货）制定出不同规格（20′、40′）箱子的费率。

在 FAK 下，只需判别箱内货物属于普通货、一般化工品、半危险品、全危险品还是冷藏货，就可查到这只集装箱的运费。

（2）第 2 类：商品包箱费率（Commodity Box Rates）

它可以细分为以下两种形式：

①包箱费率（Freight for Class，FCS）。它是指按货物等级和箱子类型确定运价，即按不同商品的种类、等级和不同类型的箱子，规定各种不同的包箱费率。显然，与 FAK 的区别在于，在 FCS 下，对于普通货物则按不同货物等级制定的相应的包箱费率。因此，在 FCS 下，如果系普通货物，则首先应根据货名查到等级，然后按等级和箱子规格，可确定每只箱子的相应的运费。

②包箱费率（Freight for Class and Basis，FCB）。它是指按货物等级、计费标准和箱子类型确定运价。显然，此种包箱费率与 FCS 包箱费率不同的是，它既按不同货物等级或货类，又按计算标准制定出不同的费率。因此，同一级费率因计算标准不同，费率也不同。如 8～

10 级,CY/CY 交接方式,20 英尺集装箱货物如按重量计费为 1 500 美元,如按尺码计费则为 1 450 美元。在 FCB 下,首先根据货名查到等级,然后按等级、计算标准和箱子规格查到每只箱子的相应的运费。

【例 2-3】某轮从广州港装载杂货——人造纤维,体积为 20 m³、毛重为 17.8 MT,运往欧洲某港口,托运人要求选择卸货港 Rotterdam 或 Hamburg,Rotterdam 和 Hamburg 都是基本港口,基本运费率为 USD80.0/ft,3 个以内选卸港的附加费率为每运费吨加收 USD3.0,"W/M"。

请问:(1)该托运人应支付多少运费(以美元计)?

(2)如果改用集装箱运输,海运费的基本费率为 USD1 100.0/TEU,货币附加费 10%,燃油附加费 10%。改用集装箱运输时,该托运人应支付多少运费(以美元计)?

(3)若不计杂货运输和集装箱运输两种方式的其他费用,托运人从节省海运费角度考虑,是否应选择改用集装箱运输?

解:因为 M 大于 W

(1)Freight Ton 为 20.0

Freight = (80.0 + 3.0) × 20.0 = USD1 660.0

(2)可选用 1 个 TEU

Freight = (1 +10% +10%) × 1100 = USD1 320.0

或者 Freight = 1 × 1 100+1 100 ×10%+(1 100+1 100 ×10%) × 10%

= 1 100+110+121

=USD1331

(3)因为(1)大于(2),所以应选择改用集装箱运输。

2. 最低运费与最高运费

(1)最低运费

对于由货方自行装箱,且非实行包箱运费的整箱货的最低运费的计收,船公司通常不是规定一个最低运费金额,而是规定一个最低运费吨。比如,远东水脚公会规定:一个 20 ft 干货集装箱的最低运费吨为:重量吨为 17.5,体积吨为 21.5。

对于箱内所装货物未能达到规定的最低运费吨时,货方应对其亏损部分支付"亏箱运费(Short Fall Freight)"。因此,最低运费由实装货物的全部运费与亏箱运费之和构成,其中,实装货物的全部运费是根据具体航线的货物等级费率及计费标准计算出的基本运费和附加运费之和,而亏箱运费的计算有两种方法:

①以亏箱吨乘以以箱内货物计费吨为权数的加权平均计算的平均每吨的费率求得,即亏箱运费=(亏箱吨×实装货物的全部运费)/计费吨,式中计费吨=规定的最低运费吨-亏箱吨。

②以亏箱吨乘以箱内计费最高的货物费率。

【例 2-4】根据远东水脚公会的规定,一个 20 ft 干货集装箱的最低运费吨为 17.5/21.5(重量吨/体积吨),假设一个 20 ft 干货箱内装运电器 10 m³/5 t,五金 7 m³/8 t,费率分别为 USD25W/M,USD30W/M。

采用上述两种方法计算的实装货物全部运费与亏箱运费如表 2-4 所示。

表 2-4　实装货物全部运费与亏箱运费

货　种	体积吨/m³	重量吨/t	计费吨/ft	费率（元/计费吨）	运费（元）
电器	10	5	10	25	10×25＝250
五金	7	8	8	30	8×30＝240
合计	17	13	18		490
最低运费吨	21.5	17.5	21.5		
亏箱吨	4.5	4.5	3.5		
按加权平均费率计算亏箱费＝3.5×（490/18）＝95.278 元					
按箱内最高费率计算亏箱费＝3.5×30＝105 元					

通过上述计算可以看出，第 1 种计算方法对货方较为有利，因此，货方应事先了解承运人按何种方法计算亏箱运费。

（2）最高运费

最高运费的含义是当托运人箱中所装货物体积吨超过承运人所规定的最高运费吨时，承运人仅按最高运费吨计收运费，超过最高运费吨部分免收运费。设置最高运费的目的在于鼓励托运人采用集装箱装运货物并能最大限度地利用集装箱的内容积。它仅适用于按体积计算运费的，且由货方自行装箱的商品。

目前，大多数船公司通常按箱子的规格和类型规定一个按集装箱的内部容积折算的最高运费吨。比如，20 ft 集装箱的最高运费吨为 31 m³，而 40 ft 集装箱的最高运费吨为 67 m³。

对于最高运费的计算应注意的事项如下：

（1）对于箱内所装分属不同等级的货物，免收运费的货物应从运价等级最低的商品开始计算。比如，箱内实装 15 级货 45 m³、7 级货 5 m³，共计为 50 m³，假设箱子的最高计费吨为 45 体积吨，因此，免收运费的 5 m³ 货为 7 级货。

（2）对于发货人未按规定提供正确的衡量单位或计算运费的资料，则按最高运费吨和箱内运价等级最高的费率计收运费。

（3）对于发货人仅提供部分商品计算运费的资料，则以最高运费吨与已提供资料的商品体积吨的差额作为未提供或提供的资料不足的商品的计费吨，然后以这个计费吨乘以未提供或提供的资料不足的商品中等级最高的费率作为该商品运费。

【例 2-5】一个 40′ 集装箱中内装 A、B、C 三种货（属同一货主 FCL 货）分别属中远集团运价本中的第 5、8、15 级货，相应的每计费吨（ft）的费率依次为：USD85、USD100、USD130，且该运价本规定 40′ 集装箱的最高运费吨为 67 CBM。假设三种货物的重量与尺码分别为：A：15 CBM，10 MT；B：20 CBM，9 MT；C：40 CBM，8 MT。试求此柜免收的运费。若将 A、B、C 之尺码分别改为：4 CBM、10 CBM、60 CBM，或将 A、B、C 之尺码分别改为：1 CBM、2 CBM、68 CBM，则此柜免收的运费是否有变化？

求解：

情况 1：该箱所装货物的总体积为 75 CBM，超出最高运费吨 8 CBM，根据最高运费吨的规定，使 A 货免交 8 CBM 的运费（8×85＝680）；情况 2：该箱所装货物的总体积为 74 CBM，超出最高运费吨 7 CBM，根据最高运费吨的规定，则除了 A 货（4 CBM）全部免费外，还有 3CBM 的 B 货免交运费；情况 3：该箱所装货物的总体积为 71 CBM，超出最高运费吨 4 CBM，根据最高运费吨的规定,则免收运费为:A货全免(1 CBM),B货全免(2 CBM),C货免交(1 CBM)。

3. **整箱余额运费**

当托运人托运一票需要若干只集装箱但最后一只集装箱却仍有剩余箱容的货物时,对于装载最后一只整箱余额货物运费的计算一般不适用于最低运费吨和最高运费吨的规定。实务中承运人通常采取如下三种方法计收运费:

(1)对最后一只集装箱的计费标准给予降低。

(2)对最后一只集装箱按实际装载货物的体积吨或重量吨计收运费。

(3)当托运人允许承运人利用该箱剩余箱容来拼装其他托运人的货物时,则该箱内货物按拼箱货费率计收运费,不足1运费吨,按1运费吨计收运费。托运人不允许承运人利用该箱剩余箱容来拼装其他托运人的货物时,则该箱内货物的运费按整箱货包箱运费计收。

第四节　国际海上运输费用的节省

一、选择合适的托运方式

1. 选择班轮杂货运输或集装箱运输

对于货物等级低于集装箱运输中所规定的最低运费级别(7级或8级)的商品,如矿石、粮食、饲料等宜采用班轮杂货运输;反之,对于较高级别的商品宜采用集装箱运输。

2. 尽可能采用拼箱业务

货物的数量对运费的高低有很大的影响,以集装箱运输货物为例,拼箱货与整箱货的运费相差较大,因而,在集装箱运输中应尽可能地采用整箱货交付,以节省运费。

二、选择合适的船公司运价本

目前,选择不同的船公司承运所支付的运费可能相差较大。

【例2-6】一票由大连运往瑞典赫尔辛堡港的货物,可有三种选择:(1)由中远船承运,适用于"中远集团六号运价表";(2)由中波船承运,适用于"中波十九号运价表";(3)由中远船或中外运租船,在香港中转至目的港,适用于"中外运三号运价表"。假设以货物等级W/M10级为例予以说明。

(1)装中远船运费。在"中远集团六号运价表"中赫尔辛堡港为非基本港,需要加收45%的转船附加费,该运价表中该航线至基本港的10级货物的费率为USD96/MT,因此,合计运费为:USD96+USD96×45%=USD139.20/MT。

(2)装中波船运费。在"中波十九号运价表"中赫尔辛堡港为基本港,无须加收转船费,该运价表的10级货物的基本费率为USD99/MT,因此,合计运费为USD99/MT。

(3)由香港中转的运费。在"中外运三号运价表"中赫尔辛堡港为非基本港,需要加收的转船附加费为USD25/MT,大连至香港10级货物的基本费率为USD25/MT,香港的中转费USD13/MT,香港至欧洲基本港口的10级货物的费率为USD80/MT,因此,合计运费为:25+13+80+25＝USD143/MT。

【例2-7】一个20 ft集装箱内装17.5 t工具从大连运至美国的布朗斯维尔港,假设分别由外资船和中远船承运,前者适用于"华夏三号运价表",后者适用于"中远集团十七号运价表"。

（1）装运外资船集装箱运费。根据"华夏三号运价表",工具的费率为USD106/MT,支线附加费率为USD13/MT。因此,该集装箱货的运费合计为:（USD106/MT＋USD13/MT）×17.5MT＝USD2 082.50。

（2）装运中远船集装箱运费。根据"中远集团十七号运价表",至基本港口,工具的费率为USD1 338/20 ft,由于布朗斯维尔港为非基本港,需要在长滩转运,转运附加费为USD1 770/20 ft,因而,该集装箱货合计运费为:USD1 338+USD1 770＝USD3 108。

三、正确使用货物名称与包装

1. 正确使用商品名称

正确使用商品名称,使其尽可能地向低费率级别"靠",可节省一定的费用开支。比如:

（1）出口的"陶瓷电容器"为W/M6级,如果去掉"陶瓷"字样改为"电容器",则商品等级变为W/M10级。

（2）运价表规定"油石、砂布、砂纸"为W/M8级,如果把品名统称为"工具",则运费级别为W/M10级。

（3）"斧头"单列级别为W/M8级,如果把"斧头"统称为"农具",则运费级别变为W/M7级,如果"斧头"前加"厨房、消防"字样,则运费级别又变为W/M10级。

2. 改进货物的包装

在不影响货物质量的情况下改进货物的包装,不但可以节省部分运费,而且在集装箱运输中还可利用最高运费的规定多装货物(但不增加运费)。

3. 同一提单项下的不同商品应分开列明体积和重量

根据运价表的规定,同一提单下的商品,如果不分开列明重量和体积,则运费按其中的高者计收。比如,出口一批工具,其中,油灰刀4 m³,木砂纸5 m³,如果不分开列明油灰刀、木砂纸的品名、数量、重量和体积,那么,本来按W/M8级计费的5 m³的木砂纸也只得按W/M10级计费。因此,在填制订舱委托书时,应分开列明各种商品的重量、体积。

四、选择合适的港口与优化配载

1. 避免货物中转和挂靠非基本港

由于受航程距离、港口条件、港口使费等方面的影响,不仅不同航线、目的港的运费率有所不同,而且在同一国家同一航线上的基本港与非基本港的运费率也不同。因此,应尽可能采取直达运输,且装卸港为基本港,以节省转船费和其他附加费。

2. 合理利用集装箱容积和载重量

由于集装箱运价大多实行包箱费率且有最高运费的规定,因而,货方可通过不同种类货物的合理搭配来充分利用集装箱容积和载重量,以达到节省运费的目的。

第三章

国际海运货代操作流程

[开篇案例] 世界技能大赛货运代理项目

世界技能大赛由世界技能组织（World Skills International）举办，每两年一届，是当今世界地位最高、规模最大、影响力最广的职业技能竞赛，被誉为"技能界的奥林匹克"。货运代理赛项由奥地利于 2015 年 12 月在阿联酋阿布扎比举行的世界技能组织工作组会议上提议增加。该赛项目前已举办两届，其中，在第 44 届世界技能大赛货运代理赛项以测试项目参加，第 45 届则成为正式项目。货运代理项目不仅要求选手熟练掌握货运代理业务流程，而且还要求选手在规定的时间内，完成客户获取（Customer Acquisition）、报价计算（Quotation Calculation）、运输管理（Transport Management）、费用计算（Transport Calculation）、海运操作（Sea Freight Handling）、投诉处理（Complaint Handling）、索赔处理（Claims Management）等七项竞赛任务。赛程为 4 天，累计比赛时间约 21 h，这是一项要求选手既精熟业务知识，又具备流利英语沟通能力的竞赛。积极参与货运代理赛项，对于提高我国选手的竞技水平、培养技能报国情怀具有重要的意义。

第一节 国际海运货代出口业务操作流程

一、国际海运出口业务流程与各方当事人的分工

国际海上集装箱出口运输操作流程（拼箱货）如图 3-1 所示。

在实践中，海运货代通常作为发货人的代理，为其办理订舱、制单、付费等货运业务；船务代理通常作为班轮公司的代理，为其办理揽货、受理订舱、收费、签发提单、箱管等货运业

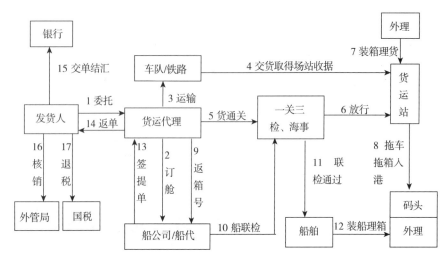

图 3-1 国际海上集装箱出口运输操作流程（拼箱货）

务;码头代表班轮公司负责整箱货的发放空箱、收取重箱、签发相关单证及装船等业务;货运站代表班轮公司负责拼箱货的接收、储存、装箱、签发收货单据及送重箱进码头等业务;外轮理货则负责在货运站或码头的理货及理箱业务。

（一）揽货接单

1. 货主询价

货代业务员（销售员）接受货主询价时,应重点掌握以下信息:

（1）货主方面:发货人、收货人、通知人。

（2）货物方面:品名（中英文）、数量、规格等,危险品、冷冻货特殊说明。

（3）运输方面:装港、卸港、收货地、交付地等。

（4）运费支付方面:运费结算方式（预付、到付金额）,是否第三地付款。

（5）集装箱方面:箱型、箱量,超重柜特殊说明（如为特种柜,则需详细的货物尺寸,有时还需要更为详细的货物装柜次序及摆放示意图）。

（5）装运与配载方面:装运期限（信用证是否有要求）、货物交运日期以及交运方式、配载有无特殊要求等。

（6）提单签发方面:提单签发时是 MB/L 还是 HB/L,是否第三地签单,是否要求提单电放等。

（7）信用证方面的特殊要求,比如,货主要求在目的港享受更长的免费用箱期。

（8）订舱以外的辅助工作:是否代办保险、报关、报检、短途运输等。

显然,接到客户订舱资料或电话询价,货代需重点确认客户拟安排的船期、相应的箱型、箱种以及有无特殊要求（如签单日期、签单地、中转港、船证,特殊运输条款等）。同时是否涉及代办保险、报关报检和短途运输等。

2. 货代询价

货代航线操作员,根据业务员所述要求向船公司订舱代理（可能是船公司、船代,也可能是另外一家货代）询价,争取申请更低的价格,以供货主选择。

若货主未限定船东,货代当然会优先向与自身有合作关系的船公司订舱代理询价;若货主已指定了船东,货代在必要时可以通过与该船东订有服务合约的另外一家货代进行订舱,以便取得优惠运价。

货代向船东订舱代理询价时应注意以下几点:

(1)该船东是否有接至货主所述之目的港?

(2)是否可以接超重柜?

(3)是直航船还是中转船,在哪里中转?

(4)几天可到达目的港?

(5)该航次挂靠什么码头(因同一港口可能有不同的码头)?

(6)该航次舱位是否紧张,是否可以保证舱位?

(7)提单签发时是 MB/L 还是 HB/L?

(8)在货主有要求的情况下,在目的港是否可以享受更长的免费用箱期?

(9)目的港有无限重要求?

3. 签署货代委托书

货代航线操作员与船东订舱代理谈妥运价和相关条件,且货主接受货代业务员报价后,货代与货主签署出口货运代理委托书。

【知识拓展】货运代理不应予以接受的情况如下:

(1)非法经营进出口贸易或货运代理业务的企业或个人所托运的货物;

(2)国家规定禁止进出口的货物;

(3)托运单证内容与实际出运物品明显不相符的货物;

(4)明知违反运输合同规定,包装不良的货物;

(5)资料不全,货物性质不清,说明模糊,危险品无相应的证书;

(6)严重拖欠运费及其他费用,信誉不好的托运人所托运的货物;

(7)托运单证不齐全,单证内容不正确或托运不及时,可以不接受托运。

在实践中,在双方达成口头协议后,许多货代通常要求货主提交订舱及报关所需单证,如托运单(场站收据)、报关报检委托书、货物明细表等,以代替签署书面的货运代理委托书。显然,这种不规范做法难以有效地保护货运代理自身的权利。

【案例 3-1】2020 年 9 月 8 日,帕诺公司向华展公司提交订舱单,其上注明"请配 2020-9-14 船/航班"。随后华展公司向金鹏公司传真了一份出口货运委托书,其右上角注明"预计出运日期 2020 年 9 月 14 日",其他内容均与上述订舱单一致。金鹏公司随后向海丰公司订舱,取得了盖有海丰公司的订舱确认章的场站收据,其上载明了具体的船名、航次及预配船期 2020 年 9 月 15 日,其他均与上述货运委托书一致。之后,金鹏公司将该场站收据传真给华展公司,后者加盖了自己的订舱章后又传真给帕诺公司。但该箱未能如期发运,而是于 9 月 16 日装船发运,海丰公司出具情况说明,声称该货物未能及时装船发运,系因货物报关时经历海关查验,故较其他配载货物晚到港区。2020 年 12 月 11 日,华展公司在赔偿了帕诺公司损失后向金鹏公司追偿。

【案例评析】

(1)华展公司传真的出口货运委托书的性质?金鹏公司承诺的方式?双方的货运代理合同关系是否成立?

性质上应为要约。金鹏公司通过自己接受货运委托书之后的订舱行为做出了承诺。依法成立。

(2)本案双方在合同的履行日期问题上存在分歧,金鹏公司承诺的装船日期与委托书上的不一致,这是否是对要约的实质性变更？华展公司能否胜诉？

委托书显示的装船日期为9月14日,场站收据显示的装配船期为2020年9月15日,两者之间仅相差一天,在航行时间较长的海运中几乎可以忽略不计。因此,根据货运代理业和航运业的惯例,被告的行为并未对原告要约的内容做出实质性变更。而原告在收到该场站收据后,加盖自己的订舱单并传真给帕诺公司,足以证明原告认可了被告对其要约的非实质性变更。因此,双方的权利义务应以承诺的内容——即被告的场站收据确认的为准,故华展公司不能胜诉。

(3)承托双方应吸取教训？

对于华展公司:败诉的关键原因在于,其不仅一厢情愿地将货运委托书视为合同,并且接受了金鹏公司交付的场站收据。此时,金鹏公司的代理义务已完成,至于之后货物未能按时发运,系承运人方面的原因,并非自己的义务范围和过错所致。如果华展公司禁止延期发运,则应当在货运委托书上明确注明。

对于金鹏公司:应签订详细的书面委托代理合同或运输合同,以免届时产生不必要的纠纷。

(二)取送箱

在整箱货运输时,通常是由货运代理人安排集装箱卡车运输公司(实践中通常称为集卡车队)到集装箱空箱堆场领取空箱。

1. 填制拖车请派单

(1)请派单内容应体现六要素:①装箱的时间;②地点;③箱数;④箱型;⑤箱种;⑥装箱的电话与联系人。

(2)客户所提供的S/O上的合同号、生产单号、订单号等资料,必须注明在请派单上,以便装箱人员与客户核对。

(3)如客户要求对集箱进行熏蒸的,务必标注在请派单上。

(4)如客户安排发往澳大利亚的集装箱,因需要进行熏蒸,也请特别注明在请派单上。

(5)是否使用超重箱,请注明在请派单上。(此时需向相关操作人员索要船公司或船代出具的超重保函,方可进港)

2. 交付单证

请派单及放箱单交给负责请派人员传给拖车公司提箱。

3. 操作注意事项

(1)客户有特殊装箱要求的(如先后顺序、几个工厂混装、回场加装、若是冷藏箱是否有要求先做预冷后再装箱等情况)都应通知相应拖车公司的相应操作人员。

(2)冷藏箱须特别标注温度,预检(Pre-trip Inspection,PTI)是否合格等。

(3)货物为危险品时,应重点提醒拖车公司及客户,在装箱时须在箱的四面贴上危险品标签。

(4)若货箱被抽验,请速与拖车公司联络,速安排货箱进港。

(5)若有更改箱号或退载的,应第一时间通知相应的报关人员。

(6)在拖箱过程中若有产生额外的费用,均需一一与客户确认。

(7)货箱遭派后,应及时与客户、工厂及拖车公司保持联系,若货箱不能准时到厂,应向客户说明原因,同时积极跟踪拖车公司,请其及时送到。

(三)装箱

1. 选择合适的集装箱

表 3-1 为各类集装箱所适于装载的货物。在选用集装箱时,应考虑的因素:"货"(种类、性质、形状、包装、体积、重量等)、"船"(船型、航班、航线平衡性等)、"港"(装卸要求、限重等)、"价"(运价、空箱调运费等)。

表 3-1　各类集装箱所适于装载的货物

集装箱种类	适于装载的货物
干货箱(Dry cargo container,DC),也称杂货箱(General cargo container,GC)或通用箱(General propose container,GP)	除冷冻箱或低温箱的货物、需要特别通风的货物、活的动植物、散货或液体货等,其他大多可用杂货箱装载
敞顶箱(Open-top container,O/T,OC)	难于从箱门进行装卸而需要在箱顶上进行装卸作业的货物、超高货物;只要利用侧壁就可以进行固定货物,如玻璃板、胶合板、一般机械和长尺度货物等
台架式集装箱(Platform based container)、平台式集装箱(Flat rack container,FR or FRC)	会产生集中负荷的重货、需要从箱顶或箱侧装的货物、在集装箱内需要严格固定的货物、不怕风雨侵袭的货物、超尺度货物等
冷冻集装箱(Reefer container,RF or RC)	冷冻货,如冷冻鱼、冷冻肉等;低温货,如低温肉、柑橘、干酪、禽蛋等;需要保持一定低温条件的货物,如胶片、药品等
散货集装箱(Bulk container,BK)	麦芽、大豆、大米等谷物类货物,干草块、原麦片等饲料,树脂、硼砂等化工原料
通风集装箱(Ventilated Container)	兽皮以及其他在运输中会渗出液汁的货物、需要进行通风的食品类货物,可能会引起潮湿的货物
罐状集装箱(Tank container,TK or TC)	液体货、酒类、化学液体货及其他危险液体货
动物集装箱(Pen Container or Live Stock Container,LSC)	装运鸡、鸭、鹅等活家禽和牛、马、羊、猪等活家畜用的集装箱

2. 计算集装箱数量和装载量

在计算集装箱所需数量之前,先要判定所装货物是重货还是轻货,然后再求出一个集装箱的最大装载量和有效容积,就可算出货物所需的集装箱数。

【例 3-1】现有纸板箱包装的电气制品,共 750 箱,体积为 117.3 m^3,重量为 20.33 t,假设集装箱的单位容重(即集装箱的最大载货重量与其容积的比)如表 3-2 所示,箱容积利用率为 80%,试计算需要多少个 20 ft 的杂货集装箱?

表 3-2　集装箱的单位容重

集装箱种类	最大载货重量		集装箱容积		不同容积利用率下的单位容重			
					容积利用率为 100%		容积利用率为 80%	
	kg	lb	m^3	ft^3	kg/m^3	lb/ft^3	kg/m^3	lb/ft^3
20 ft 杂货箱	21 790	48 047	33.2	1 172	656.3	41.0	820.4	51.3
40 ft 杂货箱	27 630	60 924	67.8	2 426	407.5	25.1	509.4	31.4
20 ft 开顶箱	21 480	47 363	28.4	1 005	756.3	47.1	945.4	58.9

（1）计算货物密度：货物密度 = 203 300 kg÷117.3 m³ = 173.3 kg/m³。

（2）根据表 3-2 可知 20 ft 杂货集装箱的单位容重为 820.4 kg/m³，由于货物的密度小于箱的单位容重，可知该货为轻货。

（3）根据表 3-2 可知集装箱的有效容积为 33.2×80% = 26.54 m³，由于货物为轻货，故所需的 20 ft 杂货集装箱应为 117.3÷26.54≈5 个。

3．集装箱的检查

（1）检验集装箱各部分的适航性。

① 站在箱内关紧后，目测检查封闭程度，有无漏光处，箱门橡皮垫应当水密；

② 骨梁焊接处应完好；

③ 四柱、六面、八角完好无损，没有进水孔，接缝处无裂缝；

④ 箱门不变形，随时能承受加速负荷；

⑤ 箱内没有突出的钉子和容易造成货损的突出物；

（2）箱内完全清洁、干燥、没有气味、灰尘。

4．装箱地点的选择

（1）场外装箱。货代安排拖车提空箱至货主指定地点（如货主的工厂、仓库等）装箱。一是空箱派出前，应与厂方确认货物生产或到货情况，以免造成拖空或压箱的现象。对装箱要素有变更的，应与客户确认后立即通知拖车公司。若无法装箱造成空箱拖空，应及时通知拖车公司就近移箱或拖回空箱，并向客户确认所产生的相关额外费用。二是空箱派出后应与工厂或仓库核对各要素（船期、柜型、柜种、柜数、件数、生产单号、合同号、唛头等），任何变动应立即通知其他相关操作人员及客户。三是密切关注装箱情况，及时通知拖车公司收箱，以保证报关能顺利进行。

（2）场内装箱。货主将货物送到货代的集装箱 CFS 装箱。对此，货代应与客户、货运站方面确认进仓时间及装箱要求。

（3）货主"自拉自送"。也就是货主提取空箱后，自己安排货物的装箱工作。

5．装箱作业

装箱作业一般有三种方法：全部用人力装箱、用叉式装卸车搬进箱内再用人力堆装、全部用机械装箱。

集装箱装箱注意事项如下：

（1）不能随到随装，应依据订舱清单事先编妥分箱积载计划，按计划装箱。

（2）备妥必需的合格的隔垫物料及捆扎加固材料。

（3）注意货盘、叉槽的放置方向正确。

（4）装箱时必须考虑方便拆箱卸货。

（5）重量分布要平衡，以免在卸运过程中倾斜、翻倒。

（6）硬包装的货物装箱时，应用垫料以免冲压其他货物或碰坏内壁。

（7）袋装货最好不与箱装货同装，不能避免时要用垫板。

（8）如货的包装凸出、隆起或四边不规则，应用适当垫料，否则不能与他货混装。

（9）湿货包括桶装、罐装液体货应用垫料并装在底层。

（10）不同种类包装，如木板包装货与袋装货之间，应进行隔垫，否则不能同装。

（11）海关监管或可能被查验的货物必须分装出在箱门口。

（12）不要用不同包装的货填塞空位，除非这两种包装货物是完全适合拼装的。

（13）包装损坏的货物,装箱前应修复好,否则不能装入箱内。

（14）装货完毕要检查,做到货物不松动,以免箱子倾斜造成货损。

集装箱装载重件货物时应注意的事项如下:

（1）必须注意重量均匀分布。

（2）重件货物装箱应放在中心位置。

（3）应固定在货主提供的垫板上,板下应有侧孔,利于装卸。

（4）货主提供的固定垫板如长度不够,应加垫板,以使装载重量均匀分布在箱底。

（5）装箱时重心的偏差应保持在箱体或宽度的10%以内。

装箱后,货代应及时向工厂、货运站或拖车公司等查询相应的箱号及封铅号。

【案例3-2】2022年5月17日,原告轻工业品公司为履行FOB出口合同,口头委托被告海沧公司代其办理一批货物的订舱、仓储、报关、场装、代办提单等货运代理业务。根据被告的要求,原告将待出口货物运至被告指定的和丰公司堆场,由被告向和丰公司堆场安排了场装计划。货物装船后,原告取得了承运人签发的托运人为原告,所装货物为475箱文具,批注由托运人自行装箱、点数和铅封的已装船指示提单,并通过银行以信用证方式结得全部货款。货物运到墨西哥后,收货人称已收到该货柜,但因短少型号为No.8896及No.8835的70箱价值为7 840美元的笔刨,而从另一单交易中直接扣除了7 840美元的货款。为此,原告以被告漏装为理由,要求被告承担7 840美元的货款损失。

【案例评析】

（1）被告以"原告的外销价为FOB价格条件,根据该条件,货物装船则风险转移,提单已经记载了全部货物装船。即使货物有70箱未实际装船,根据国际惯例,原告不应对国外客户承担赔偿责任,原告自愿返还原已收到的部分货款,应自负其责"为拒赔理由是否正确?

错误。根据国际贸易价格术语解释,本案国际货物买卖风险是指运输的风险。

（2）被告以"货物漏装的责任在和丰公司,因为漏装是堆场未按其作业指令造成的,且原告并未委托其监装"为拒赔理由是否正确?

错误。被告作为国际货物运输代理的专业公司接受原告的委托,收取了包括场装费在内的相关费用,即应认真履行代理职责,保证货物如数装箱并安全装船。本批货物的装箱虽然是由和丰公司实际操作的,但该公司与原告并无直接的委托关系,根据合同的相对性原则,被告不能以第三方的原因对抗原告,且从本案实际情况看,70箱笔刨漏装亦与被告未尽监装义务有关。因此,被告应向原告独自承担合同责任。

【案例3-3】2019年8月15日,东方公司接受土畜产公司的订舱,出具了一份已装船正本提单,该提单注明货物的品名为二氧化硫脲,船名"鳄鱼坚强"号,启运港青岛,卸货港洛杉矶,托运人为土畜产公司。2019年8月19日晚,当"鳄鱼坚强"轮停泊在上海港时,船上发现二舱冒烟,经消防部门及港务公司共同检测,倒箱166个,将货物自燃冒烟的OOLU3360121集装箱卸下船。上海市浦东新区环境监测站到场检查,认定是OOLU3360121集装箱内装载的货物二氧化硫脲自燃。"鳄鱼坚强"轮将OOLU3360121集装箱滞留在码头,其他集装箱装船后于2019年8月21日起航,同年8月23日到达日本神户港,船到日本后,东方公司聘请海鸥海事（横滨）有限公司对船上的污染进行检查,结论是装载OOLU3360121集装箱的二舱有污染,25个集装箱的表面有化学污染痕迹。船上的集装箱在日本的横滨港、东京港进行了倒箱、清洗。船舶开航后,船员又对船舱进行了清洗。货物到达目的港后,发生了多起收货人因货物受损引起的索赔事件。事故发生后,东方公司委托了上海中衡咨询有限公司对出事的集装箱进行检验,检验报告认为由于集装箱内的货物本身的包装不良,在装入集装箱时又未尽职尽责,将货物与集装箱箱壁之间的缝隙用衬垫物固定,导致货物在运输过程中因震动等原因,包装破裂,货物暴露于空气中,与空气中的水分反应引起自燃。

【案例评析】土畜产公司是否应赔偿东方公司的损失？

应该。根据我国《海商法》第六十六条的规定,托运人对托运的货物,应当妥善包装。由于包装不良,对承运人造成损失时,托运人应当负赔偿责任。本案中,土畜产公司违反了我国《海商法》关于托运人应将货物妥善包装、装箱的规定,而提单又注明是托运人装箱,承运人接收的是整箱货物,对集装箱的内部情况并不了解,故属托运人的过失,因而托运人应当负责赔偿。

5. 装箱单

装箱单(Container Load Plan,CLP)是由装箱人根据已装入集装箱内的货物制作的,记载箱内所装货物的名称、数量、重量、交付方式及箱内积载顺序的单证。通常,整箱货由发货人或其代理制作;拼箱货由船公司委托的货运站制作。

装箱单

装箱单一般一式数份,分别由货主、货运站、装箱人留存和交船代、海关、港方、理货公司使用,另外还需要准备足够份数交船方随货带往卸货港以便交接货物、报关和拆箱使用。

以电子装箱单为例,其制作要求如下:

(1)出口船名、航次必须与船代公布的出口船舶信息保持一致;

(2)对一箱多票的集装箱货物,提单信息必须完整填写;

(3)一票多箱的集装箱货物,分重量、分件数、分体积必须准确;

(4)箱型尺寸代码必须填写国际标准代码(84码/95码);

(5)铅封号必须填写;

(6)持箱人代码必须使用EDI标准代码;

(7)卸货港代码必须使用EDI标准代码。

(四)特殊情况的处理

1. 加载

加载是指承运人或其代理向海关发送预配舱单之后,发货人或其代理向其提出新的订舱请求的行为。

(1)货代需及时向船公司申请并确认加载舱位;

(2)舱位确认后,申请加载的货代应根据报关单放行信息,向码头公司的单证中心提交加载申请(加载申请需加盖订舱货代正本章),同时需将加载申请电子版以邮件方式发送给码头公司的单证中心及船代公司;

(3)船公司应及时通知码头公司及船代公司有加载事宜;

(4)码头公司根据货代加载申请信息向海关申请加载,并及时通知船代,船代根据货代加载申请制作舱单数据并及时发送海关,并反馈信息给对应码头的单证中心;

(5)货代安排箱进港,码头公司安排加载。

2. 退载

退载是指在承运人或其代理人在接受订舱后,发货人或其代理因无法履行合同而向其提出取消订舱的行为。

在实践中,通常所称的退载,是指发货人或其代理因无法交货或买卖合同取消等原因而产生的退载,至于因故改换他船而发生的退载,即退载的目的在于将该货载改配到其他船舶上(可能是原船公司的船,或其他船公司的船),通常属于改配的范畴。

发货人或其代理取消订舱,不仅会涉及"证、箱、货"的操作,而且还会产生相关费用。此外,如果发货人或其代理经常退载的话,则可能列入船公司或其代理的无信用黑名单。因此,发货人应尽量减少退载。不过,视船公司的政策以及退载时所处的货运操作阶段不同,退载的操作过程和产生的费用(比如,拆装箱费、陆运费、堆场操作费、滞箱费、退关费等)会有所不同。

【知识拓展】讨论以下情况下的退载,应如何处理。

(1)已订舱,未提箱;

(2)已提箱,未装箱;

(3)已装箱、未进港、未报关;

(4)已装箱、已进港、未报关;

(5)已装箱、已进港、已报关。

如前所述,退载包括货物未报关的退载和货物已报关的退载,对于后者,则涉及退关(Shut Out)操作。所谓退关是指已办结出口报关手续,或报关单电子数据已审结,但现场海关尚未接单的出口货物,因故不能及时出运,发货人请求将货物退运出海关监管区域不再出口的行为。

3. 改配

改配,是指货物订舱后因故未能配载原船而不得不改配其他船的行为,发货人或其代理因故向其提出取消订舱的行为。

基于不同的角度,改配可分为不同的类型。

(1)按是否报关,可分为报关前的改配和报关后的改配;

(2)按是否需要二次报关划分,可分为退载改配和漏装改配;

(3)按是否改变船公司,可分为改配原船公司的船和改配其他船公司的船。

与退载相比,改配涉及退载(原订舱的退载)和重新订舱(重新预订舱位)两个方面,因而也会涉及办理集装箱套用、二次报关等手续。如果改配到不同船公司、不同港区,还会涉及调箱作业、换装集装箱等作业。比如,同港区改配不需要将集装箱拖离港区,不同港区的改配需办理移箱。外地改配,则需要货主凭原关封至海关办理转关证明。

4. 漏装

漏装是指已进港并通关放行的货物,因故未能装上预先订舱配载船舶的行为。

严格上讲,漏装只是改配中的一种特殊形式。因为漏装货物往往会改配到同航线的下班船上,显然,改配和漏装都属于货物没有装到预定的船上,需要更改船名航次。然而,与一般的改配不同,漏装具有其自身的特点。

(1)产生原因:货物改配通常是因货方原因所致,而货物漏装则是由船舶超载、吃水所限、码头作业疏忽等非货方原因所致。

(2)操作方面:对于货主而言,改配更为麻烦。改配相当于一票新订单,需要重新再操作一遍(重新订舱、进港、报关、放行等);而漏装货物已进港且已通关放行,因而,不需要提供新的报关资料进行二次报关,通常只需更改船名、航次等相关信息。

实践中,基于不同的角度,漏装可分为不同的类型。

(1)普通货漏装与危险品漏装。

(2)整船漏装与分船漏装。

(3)整票货漏装与拆票货漏装。

(4)整箱货漏装与拼箱货漏装。

(5)同港区漏装与跨港区漏装。

(6)原出境地漏装与非原出境地漏装。

5. 案例分析

(1)擅自更改航线、甩柜

每到海运旺季,会出现所谓的"爆舱"现象,船公司就会拒绝多余那些运费较低、与其关系一般的托运人的货物装船,将这些货撤到下一个或几个航次,使客户的货物不得不推迟一段时间才能到目的地。

【案例3-4】2018年7月初,原告畜产公司向被告永合船务订舱出运8个货柜的圆葱从青岛运至日本神户,双方约定了运杂费。被告接受订舱后,又以自己的名义通过第三人金安储运向第三人箱运公司订舱,并取得箱运公司的提单号。2018年7月7日,永合船务从原告工厂接受已装箱铅封的集装箱入港。因该航次船舶超载,原告有5柜货物共120 t圆葱未能装上预定的船舶,导致甩箱,被告迟至7月15日才将货物送回原告工厂,经双方共同盘货发现部分圆葱已腐烂,为此,原告向法院起诉被告要求其支付因甩箱造成的货损损失。在庭审时,被告永合船务称自己是原告的货运代理人,已履行了代理责任,应由金安储运及箱运公司承担责任;金安储运称自己是被告的货运代理人,对于甩箱不应承担责任;箱运公司称仅是提供了提单号并没有签发提单,因而与被告之间的海上货物运输合同关系并未成立。

【案例评析】

(1)本案永合船务、金安储运、箱运公司的法律地位?

被告永合船务是承运人。被告以自己的名义接受原告的订舱,约定的权利义务是被告将货物从青岛港运至目的港日本神户,原告支付约定的海运费、港杂费等费用,这是典型的运输合同的内容。根据我国《海商法》第四十一条的规定,原、被告间的海上货物运输合同关系成立。被告虽未签发提单,但已提供提单号,并接受了货物,被告是本案所涉航次的合同承运人。

金安储运是被告的货运代理人。金安储运接受被告委托租船订舱,其依照被告的装运指示,选择合适的承运人并向选定的承运人订舱,索取提单号后即已履行完毕被告所委托的订舱义务。

箱运公司是实际承运人。金安储运按被告要求向箱运公司订舱,箱运公司接受订舱并出具提单号,表明其与被告间的装货协议已明确成立,承托双方的海上货物运输合同已成立。

(2)甩箱责任应由谁承担?

由承运人与实际承运人连带承担责任。根据我国《海商法》第四十六条、第四十八条的规定,承运人对因其积载不当而造成的甩箱应当负赔偿责任。根据我国《海商法》第六十三条的规定,被告永合船务与第三人箱运公司分别作为本案的承运人与实际承运人,因都对给原告造成的货损负有赔偿责任,即应承担连带赔偿责任。

金安储运系为被告办理订舱的货运代理人,被告要求其承担责任,无事实和法律依据。

(2)擅自货装甲板

除非根据双方约定或者商业习惯允许装于舱面的货物(如木材),或者有关法律法规规定必须装于舱面的货物(如某些危险货物),承运人不得擅自将货物装于舱面,否则不但要承担赔偿责任,而且还将失去享受责任限制的权利。

【案例3-5】上海某公司从美国进口一个装载电子产品的40′集装箱,美方的托运人在向船公司订舱时,在订舱托单上注明"装载舱内"。船公司接受托运,但在实际中集装箱并非装载舱内,而是装载甲板运输。提单上有运输条款 CY-CY,并记载货主装箱计数(SLAC)。集装箱运抵上海外高桥集装箱码头,卸船时箱子外表状况良好,铅封也正常。收货人前来提箱时箱子外表状况也良好、铅封也正常,但拆箱时却发现箱内电子产品相当部分已受潮,经商检认定,锈损系海水所致。为此,收货人向承运人索赔。

【案例评析】承运人以"根据提单上的舱面货选择权条款,承运人有权将任何货主集装箱装载舱面运输而无须征得货主同意与否"为由拒绝对此损害承担责任是否正确?

错误,由于托运人要求将箱子装载舱内,而事实上装载甲板运输致使电子产品锈损,如装载舱内,在一定程度上即使箱子漏水也不至于造成电子产品锈损。因此,承运人对集装箱内电子产品锈损不仅应承担赔偿责任,而且不能享受提单上的责任限制,应按实际损失赔偿。

二、主要出口业务单证流转程序

国际海上集装箱出口运输业务单证流程图如图 3-2 所示。

(1)发货人或货代向船代订舱,填写托运单。

(2)船代确认订舱并在装货单上加盖印章。

(3)对于整箱货,发货人或货代持设备交接单和空箱调运单向码头堆场提运空箱。

(4)提空箱时双方应验箱并签发设备交接单。

(5)发货人或货代持报关单、装货单向海关报关。

(6)海关核验后对出口货物予以放行。

(7)船代每日向码头提供 5 日到港船舶预报表,并向码头递交预配清单、预配船图、装货清单、危险货物清单等资料,以便码头安排装船计划;码头每日向船代预报集装箱船靠泊计划。

(8)船代向检查机关申报船舶进出口岸检验手续,办理船舶进港手续。

(9)检查机关核准后,准予船舶进行装卸货作业。

(10)托运人收到"装船通知"后,应于船开装前 5 天开始,将出口集装箱和货物按船受载先后顺序运进码头堆场或指定的货运站。对于整箱货,待装箱后于规定时间内持装箱单、设备交接单及场站收据等安排货物进场;对于拼箱货则在规定时间持场站收据将货物运入货运站。

(11)码头场站或货运站签发正本场站收据给发货人或货代。

(12)对于拼箱货,货运站拼箱后应连同装箱单送至码头堆场。

(13)码头制订装船计划(装船顺序单),并通知船上开工时间并进行装船作业。

(14)装船后,外轮理货公司向船代提交理货报告、实装船图、舱单等。

(15)如果要求签发装船提单,则在船舶开航后,发货人或货代凭场站收据、运费收据要求船代签发提单,船代核准后签发已装船提单。

（16）船代于船舶开航前2 h向船方提供提单副本、舱单、危险货物清单、舱图、装箱单等随船资料,并于开航后（远洋航线为船舶开航后 48 h,近洋航线为船舶开航后 24 h）采用传真、电传、邮寄等方式向下一港代理发出必要的卸船资料。

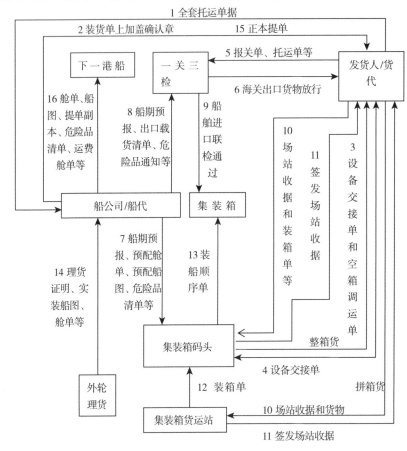

图 3-2　国际海上集装箱出口运输业务单证流程图

第二节　国际海运货代进口业务操作流程

一、国际海运进口业务流程与各方当事人的分工

国际海上集装箱进口运输操作流程如图3-3所示。

在实践中,海运货代通常作为收货人的代理,为其办理进口换单、提货、拆箱、内陆转运、还箱等货运业务;船务代理通常作为班轮公司的代理,为其签发提货单、代收到付运费以及代办与箱管有关的业务,比如,签发设备交接单、办理放箱手续等;码头代表班轮公司负责卸船、集装箱重发放、签发相关单证及收取返还空箱等业务;货运站代表班轮公司负责拼箱货的提取、运输、储存、拆箱、签发交付单据等业务;外轮理货则负责在货运站或码头的理货及理箱业务。

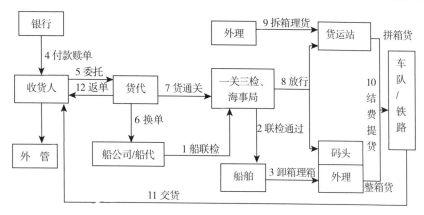

图 3-3　国际海上集装箱进口运输操作流程

(一)换单操作

1. 凭正本提单换发提货单

(1)在提单上记载的卸货地点提交一份正本提单,如为指示提单,还应进行恰当、连续的背书。

正常情况下,收货人交回一份正本提单即可,但在以下情况下应要求交回全套正本提单:一票货物有多个收货人主张提货时,或者提单交付地点或实际卸货地与提单记载不一致时。

在中国,我国《海商法》第七十一条在强制规定承运人凭单交货的义务时,并未将记名提单排除在外。因此在我国,对于记名提单,在办理换单时,收货人或其代理,必须提交正本记名提单,并且该正本记名提单上必须有与提单收货人一致的公章、换单人签名、联系电话及换单日期。不过,有些国家,比如美国,承运人无须凭正本提单即可交付货物给指定记名收货人。

提单背书(Endorsement)是指提单持有人在提单上签名和记载有关事项,并把提单交付被背书人的行为。提名提单与不记名提单无须背书,但指示提单必须背书。

提单背书主要包括"空白背书"(BLANK ENDORSEMENT)和"记名背书"(SPECIAL ENDORSEMENT)。其中,空白背书是指由提单转让人在提单背面签上背书人单位名称及负责人签章,但不注明被背书人的名称,此种流通性强,采用较普遍;记名背书是指记载了背书人和被背书人双方名称的背书。依被背书人的记载不同,记名背书可细分为受让人指示的背书和无指示的背书。前者是指提单背面批注"DELIVER TO THE ORDER OF ××",后者是指提单背面批注"DELIVER TO ××"。

(2)满足其他方面的要求,比如,到付运费是否接到船公司的放货通知? 是否满足了船公司对放货的特殊要求(如有的话)? 提单上的非清洁批注应转到提货单上。提单是否完整有效? 正本提单与舱单所载内容是否一致? 收货人或其代理是否已支付运杂费(如有的话)、换单费和凭空白支票办理押箱手续(如需要的话)?

【案例 3-6】归涯公司拟出口一批全棉布,遂找到田旗公司提出两家共同购货,由田旗公司出资 60 万元人民币作为货款,其余货款由归涯公司支付。办理海运事宜时因归涯公司无进出口权,故提单上的托运人写明为田旗公司。货物装船后,承运人舜嘉公司签发了记名提单并将提单交给归涯公司,归涯公司将正本提单交给田旗公司后又找到舜嘉公司称提单丢失要求登报挂失并无单放货。舜嘉公司登报挂失后，货到目的港，舜嘉公司指示代理将货物交给提单上记名的收货人。此后归涯公司法定代表人携款逃往南非，田旗公司不能收回购买棉布的60万元人民币货款，遂持正本提单向天津海事法院提起诉讼，要求舜嘉公司按提单上的货值36万元美金赔偿其经济损失。

【案例评析】

（1）舜嘉公司有无失误之处？

有，轻易相信归涯公司的话，同时，即使登报挂失，也应要求提单上的托运人田旗公司出具保函。

（2）提单登报挂失后其效力是否已不复存在？

没有。因登报无法对抗提单持有人。

（3）按中国法律，舜嘉公司未凭正本提单交付是否正确？如按美国法律，其结果又如何？

错误，仍需要凭正本交付。如适用美国法律，则无须收货人出示正本记名提单。

2. 凭副本提单换发提货单

凭副本提单换发提货单可以分成两种情况：一是船公司或其代理在装港或其他地点已收回全套正本提单，比如，第一章中提到的电报放货、异地交单放货等。二是船公司或其代理尚未收回正本提单，这种行为称为无单放货（Delivery of the Goods Without the Original Bill of Lading）。

在无单放货的情况下，船公司通常要求货主凭银行保函换单，因此，船代只有在收到船公司指令后确认保函真实、有效和合法后，才可办理换单操作。一般情况下，对无单放货银行保函的格式及条款要求如下：

（1）保函抬头人必须是与提单抬头一致的书面同意接受该保函的承运人注册全名及其船代公司。

（2）保函所注明之被担保人名称必须与副本提单上加盖的提货人章名称一致。

（3）保函必须明示所担保货物的唛头、品名、规格、数量、重量、承运船舶、航次、装卸港口名称、提单编号。

（4）保函必须明确银行作为担保人将承担本保函所示进口货物因被担保人（即收货人）凭副本提单向船务公司换取提货单而可能给承运人或船代公司带来的一切风险的连带赔偿责任。

（5）保函必须明确被担保人交还正本提单销保的期限。

（6）保函明示的有效期至少为一年，从约定的被担保人销保期限次日起计算。

（7）保函必须加盖银行公章和收货人公章。

（8）对于所有银行的保函，必须由办理换单手续的船代进行传真确认后方可接受。

3. 提货单分拆与补签

（1）分拆

在正常情况下，收货人只能换发一份提货单，如欲要求船东进行分拆，即将同一提单下的货物分拆而签发多份提货单，需要事先通过船代向海关申请进口舱单变更。不过，除非情况特殊，通常情况下海关是不会允许拆单的。

（2）补签

如提货单遗失需要补单，收货人应提供相应的情况说明及保函（需实际收货人签字）、

关于无单放货的相关规定

进口报关单复印件以及港方出具的"未提箱证明"等资料,同时在发行量较大的报刊连续刊登遗失声明后(至少 3 天),可申请重新签发提货单。

(二)货物交付操作

在集装箱运输中,承运人的责任是从接收货物开始到交付货物为止。换言之,场站收据是证明无船承运人责任开始的单据,而交货记录是证明责任终了的单据。因此,收货人和堆场、货运站正确地签收交货记录十分重要。

1. 收货人或货运代理如何签收交货记录

(1)接收整箱货时,应检查箱子外表状况,以及箱号、关封号是否与单证记载相符,如有异议,则会同有关方做好记录。

(2)接收拼箱货时,应检查货物外包装、唛头、数量等是否与单证记载相符,如有异议,或已发现有货损,则做好货损报告,并交有关方签认。

(3)未提取货物或货物未全部提取完毕,不能签收交货记录。

(4)提货时发现箱损或货损,而又无法确定责任方或确定损害区段时,则不能将货提走,避免日后无法提出索赔。

2. 码头堆场或货运站如何签收交货记录

(1)注意货物的提取地点和提取人:对于 CFS-CFS、CY-CFS 条款,首先由货运站在堆场整箱提取,然后再由收货人在货运站提货;对于 DOOR-DOOR、CY-DOOR 条款,交付的货物应由转运承运人在堆场整箱提取并安排转运至目的地;对于 CY-CY、DOOR-CY、CFS-CY,以及 CFS-CFS 条款,但注明 CFS-CFS(FCL)字样,则由收货人在堆场整箱提取;对于 CY-CY 条款,但注明 CY-CY(LCL)字样,则由堆场拆箱并由收货人在堆场提货。

(2)交货前应查核费用账单,确认收货人是否已全部支付货物在堆场或货运站发生的所有费用。

(3)核对提货单上是否加盖海关放行章,否则不能交付货物。

(4)应核对和查验提箱凭证、交货记录等,如符合要求则办理货物/箱子的发放,并要求提货人对所提货物进行查验并在交货记录上签收确认,然后交由堆场或货运站业务人员留存,作为提货人已收货的确认。

(5)对整箱提货,双方还应办理箱子交接检查,共同签发设备交接单。

(6)同一张交货记录上的货物分批提取时,只有待最后一批货物提取完毕后才能签收。

(7)在交接过程中如货物或箱子与单证不符或已发现有货损,则应做好货损报告,并交有关方签认,同时在有关的设备交接单上批注。

(8)场站、货运站发货/箱后应在作业申请单上销账,并将交货记录等单据交有关部门存档备查。

(三)特殊情况的处理

1. 退运货物

退运货物是指原出口货物或进口货物因各种原因造成退运进口或者退运出口的货物。退运货物包括一般退运货物和直接退运货物。一般退运货物是指已办理申报手续且海关已放行出口或进口,因各种原因造成退运进口或退运出口的货物。直接退运货物是指在进境后、办结海关放行手续前,进口货物收发货人、原运输工具负责人或者其代理人申请直接退运境外,或者海关根据国家有关规定责令直接退运境外的全部或者部分货物。

根据 2007 年海关发布的《中华人民共和国海关进口货物直接退运管理办法》第四条的规定,在货物进境后、办结海关放行手续前,有下列情形之一的,当事人可以向海关申请办理直接退运手续:

(1)因国家贸易管理政策调整,收货人无法提供相关证件的;

(2)属于错发、误卸或者溢卸货物,能够提供发货人或者承运人书面证明文书的;

(3)收发货人双方协商一致同意退运,能够提供双方同意退运的书面证明文书的;

(4)有关贸易发生纠纷,能够提供法院判决书、仲裁机构仲裁决定书或者无争议的有效货物所有权凭证的;

(5)货物残损或者国家检验检疫不合格,能够提供国家检验检疫部门根据收货人申请而出具的相关检验证明文书的。

根据该办法第十一条的规定,在货物进境后、办结海关放行手续前,有下列情形之一依法应当退运的,由海关责令当事人将进口货物直接退运境外:

(1)进口国家禁止进口的货物,经海关依法处理后的;

(2)违反国家检验检疫政策法规,经国家检验检疫部门处理并且出具《检验检疫处理通知书》或者其他证明文书后的;

(3)未经许可擅自进口属于限制进口的固体废物用作原料,经海关依法处理后的;

(4)违反国家有关法律、行政法规,应当责令直接退运的其他情形。

2. 无人提货与延迟、拒绝提货

卸货港无人提货可细分为:收货人不明确而无人向承运人或其代理人提取货物,或者虽有人要求提货但不能证明其是合法收货人(如没有正本提单),或者虽有明确收货人但无法通知其提货等情况,但不包括收货人持有提单而拒绝提货的。

在卸货港,无人提货以及收货人延迟、拒绝提取货物,除了货物本身易产生货损货差以及增加巨额保管费用之外,客观上还会造成承运人的集装箱被长期占用甚至处于海关监管之下,无法投入正常周转的,因而会面临承运人及相关场站保管人的索赔。

(1)海商法规定

我国《海商法》第八十六条规定:"在卸货港无人提取货物或者收货人延迟、拒绝提取货物的,船长可以将货物卸在仓库或者其他适当场所,由此产生的费用和风险由收货人承担。"第八十七条规定:"应当向承运人支付的运费、共同海损分摊、滞期费和承运人为货物垫付的必要费用以及应当向承运人支付的其他费用没有付清,又没有提供适当担保的,承运人可以在合理的限度内留置其货物。"第八十八条规定:"承运人根据本法第八十七条规定留置的货物,自船舶抵达卸货港的次日起满六十日无人提取的,承运人可以申请法院裁定拍卖;货物易腐烂变质或者货物的保管费用可能超过其价值的,可以申请提前拍卖。拍卖所得价款,用于清偿保管、拍卖货物的费用和运费以及应当向承运人支付的其他有关费用;不足的金额,承运人有权向托运人追偿;剩余的金额,退还托运人;无法退还、自拍卖之日起满一年又无人领取的,上缴国库。"

(2)海关规定

根据《中华人民共和国海关关于超期未报关进口货物、误卸或者溢卸的进境货物和放弃进口货物的处理办法》第三条的规定,由进境运输工具载运进境并因故卸至海关监管区或者其他经海关批准的场所,未列入进口载货清单、运单向海关申报进境的误卸或者溢卸的进境货物,经海关审定确实的,由载运该货物的原运输工具负责人,自该运输工具卸货之日起三个月内,向海关申请办理退运出境手续;或者由该货物的收发货人,自该运输工具卸货之日起三个月内,向海关申请办理退运或者申报进口手续。经载运该货物的原运输工具负责人,或者该货物的收发货人申请,海关批准,可以延期三个月办理退运出境或者申报进口手续。超过前两款规定的期限,未向海关办理退运出境或申报进口手续的,由海关提取依法变卖处理。

显然,弃货退运不一定由原收货人办理,船公司也可以向海关申请。同时,特别需要强调的是超过规定的期限,未向海关办理退运出境或申报进口手续的,由海关提取依法变卖处理。

3. 转运

除货主自行到码头提货(自提)外,如委托货运代理代为转运的,双方应签订“海运进口国内交接、代运协议书”,以便货运代理安排货物转运工作。

(1)口岸通关

发往内地的货物,应根据委托人选择的通关模式:口岸清关、口岸转关及“属地申报、口岸验放”,办理货物通关手续。

(2)安排转运

在海关放行货物后,及时办理提箱、提货等工作,并做好船货车(船)的衔接,安排代运,对于转关货物,应使用海关监管车辆。

(3)发送转运通知

货物发运后,货运代理应将铁路车皮号/承运船名/汽车车牌号以及发运时间等通知收货人,以便收货人准备接货。

二、主要进口业务单证流转程序

国际海上集装箱进口运输业务单证流程图如图3-4所示。

(1)上一装港代理于开航后(近洋航线在船抵港前24 h,远洋航线在船抵港前7天)向卸港船代以传真、电传、邮寄等方式传送实装船图、货物舱单、危险货物清单、集装箱清单、运费舱单、提单副本、装箱单、船员名单、租船合同、订舱单及有关运输契约或有关费用分摊条款及资料等。上述单证如有变更,应及时通知更正。如因航程短,有关单证不能按时寄达,则应随船带到,并应在船驶离装港时电告到达港有关代理船舶预抵期、来港任务、船舶实际吃水、装卸货物名称、货物重量/数量、货物分舱情况等资料,以便做好卸货准备。

(2)船代每天向码头提供5日到港船舶预报表以便申请卸船,并于船抵港前(近洋航线在船抵港前24 h,远洋航线在船抵港前7天)向港口、理货、海关等单位提供实装船图、货物舱单、危险货物清单、集装箱清单、提单副本、装箱单等;港口每日应向船代预报集装箱船舶的靠泊计划。

(3)船代向联检机关申报船舶及所载货物,办理船舶进港手续。对于船载危险货物,船代应向港监申报危险货物准运单,并将准运单报送码头。

(4)经联检机关检查符合要求后,向其签发放行单,准予进行装卸货。

(5)码头制订卸货计划(卸船顺序单),并向船上通知开工时间等。

(6)船舶靠泊卸货后,由理货公司向船代提交理货报告;船代向联检机关申请安排船舶离港。

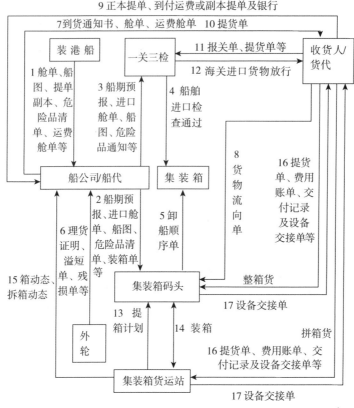

图 3-4 国际海上集装箱进口运输业务单证流程图

（7）船代向收货人或货代发到货通知书及货物舱单、提单副本、运费舱单等。

（8）收货人或货代在收到船代提供的进口单证资料后次日向码头提交有关货物流向的货物流向单和实际收货人，在限期内不能提供货物流向时，要承担由此造成的经济损失。

（9）收货人或货代向船代提交正本提单、到货通知书，并交付运费（如为到付运费），如正本提单尚未到达，经船公司同意后可以凭保函和提单副本办理提货手续。

（10）经审核无误后，船代代表船公司向收货人或其代理签发提货单。

（11）收货人或货代持报关单、提货单等文件向海关为该货物办理报关手续。

（12）海关核准后在提货单上加盖放行章予以放行。

（13）对于拼箱货，集装箱货运站提交提箱计划，以便将集装箱移至货运站。

（14）货运站安排车辆提取集装箱，双方凭装箱单交接。

（15）货运站办理拆箱作业，并向船公司或船代提交箱动态和拆箱动态。与此同时外轮理货也应向船公司或船代提交理箱证明和相关单证。

（16）收货人或货代持海关放行的提货单、设备交接单向码头办理提箱手续。

（17）在支付各种港杂费后，堆场（整箱货）或货运站（拼箱货）交付集装箱或货物并签发设备交接单给收货人或货代。

第三节 国际海运危险品货代业务操作流程

一、国际海运危险品安全申报实务

1. 货申报

船舶载运危险货物,托运人或收货人应在船舶进出港口前 24 h,向海事管理机构办理危险货物申报手续。其中,货物申报员应经过有关危险货物法规和专业技能培训,并经海事部门考核发证。如无法直接申报,可委托有危险货物申报资质的货代或船代企业办理申报。

(1)申报材料。托运人应提交《危险货物安全适运申报单》及其相关证明材料(见表3-3)。危险货物安全适运申报单一式三份,经主管机关审核批准后,一份留主管机关存查,另两份退申报人(其中一份由申报人转送承运船舶)。

(2)《国际海运危险货物规则》(以下简称《国际危规》)未列明危险品:托运人应当于托运前向主管机关提交有效的注明其性质的有关材料,经主管机关按规定审批后,按相应"未另列明"项办理。

(3)申报变更。危险货物安全适运申报单的有效期为:经主管机关核准后 7 天内有效。因故需改船或改航次出运的货物,应当向海事局提交更改原因的书面报告、货物申报单以及经认可的船舶代理出具的退关、漏装、短装证明等单证,经审核后,方予办理申报变更手续。

表 3-3 申报不同包装或货类危险品需提交的证书

序号	单证名称	出具单位	适用包装或货种
1	包装性能证、包装使用证	"商检"或"质检"	一般包装
2	罐柜检验合格证明书	船级社	罐柜
3	集装箱装运危险货物装箱证明书	集装箱场站	普通柜
4	压力容器检验合格报告(证明书)	"锅检所"	压力容器
5	检验报告	商检(柔性)或船级社(半钢性或钢性)	中型散装容器或大宗包装
6	放射性剂量证明	环保部门	装载放射性物品
7	限量危险货物证明	国家认可机构	装运限量危险货物
8	油、水含量品质证书	商检	含油压榨物质
9	含水量检测报告	国家认可机构	散装固体"硅铁"
10	危险货物鉴定表	交通运输部门认可机构	《国际危规》未列明的货物
11	危险化学品技术说明书	国家认可机构	散装液货船装化学品
12	熏蒸剂类型和用量等技术说明书	国家认可机构	集装箱托运熏蒸物

续表

序号	单证名称	出具单位	适用包装或货种
13	危险货物安全技术说明书	国家认可机构	对易燃、易爆、易腐蚀、剧毒、放射性、感染性、污染危害性等危险品
14	包装危险货物技术说明书	国家认可机构	按"未另列明"项装运、需拼箱出运的危险货物等
15	船舶适装证明、码头作业许可证、散装液态化学品技术说明书	国家认可机构	散装液态危险货物
16	货况安全适运证明	国家认可机构	装运货况有特殊安全要求
17	爆炸物品运输证	县市公安机关	托运内贸民用爆炸品

海上危险货物托运与进出口监管单证

2. 箱申报

集装箱装箱点装运危险货物时,应接受现场检查员监督并由其出具装箱证明。其中,现场检查员应经过有关危险货物法规和专业技能培训,并经海事部门考核发证。

危险货物装箱后,装箱检查员应及时通过网上报送《集装箱装运危险货物装箱证明书》,并以附件形式附送装箱情况的照片(照片内容应包括作业前、作业中、作业后,要求能看到箱号、标牌和箱内货物标记、标志及绑扎、衬垫等情况)。同提单号、同种货物、一次性装箱的集装箱可只发送其中一个集装箱作业的照片(所有照片存放在一个 word 文档中),货物申报员应积极督促场站及时报送。

经检查合格,装箱现场检查员负责签署《集装箱装运危险货物装箱证明书》一式两份,并由装箱单位核盖公章,一份提交海事局,另一份应在办理集装箱进港时通过码头转交承运人。

3. 船申报

船舶载运危险货物,船舶负责人、船舶所有人或经营人应在船舶进出港口前 24 h,向海事管理机构办理危险货物申报手续。其中,货物申报员应经过有关危险货物法规和专业技能培训,并经海事部门考核发证。如无法直接申报,可委托有危险货物申报资质的船代企业办理申报。

申报时,应提交《船舶载运危险货物申报单》以及相关证书、舱单、配载等附加资料。

(1)集装箱船报送的附送材料包括:危险货物安全适用申报单、危险货物清单或舱单(书面)(包括所有在船危险货物),出口申报应加报积载图(书面)(预配图也可)等。过境申报需报送上一港申报单或危险货物舱单(清单)的书面附送材料,中转申报应在书面附送材料危险货物舱单(清单)中注明二程船船名和航次,作为二程船危险安全适运申报。

(2)散装液货船(油船、散化船、液化气船)报送的附送材料包括:油船应填报 IOPP 或 OPP 证书、13G/13H 是否符合 13F 项,载运 2 000 t 以上散装货油的国际航行船舶应填报油污损害;散化船应填报 COF 或 NLS 证书;液化气船应填报液化气适装证书。散装液货船还应填报压载水/污水信息。同时,首次到港油船仍需向危防处或新港海事处报送 13G/13H 是否符合 13F 项的书面材料。

《船舶载运危险货物申报单》一式三份,经主管机关审核批准后,一份留主管机关存查,另外两份退申报人(其中一份由申报人转送港口作业单位)。该证书的有效期为:经主管机关核准后 7 天内。

二、国际海上危险品的订舱与进出港操作实务

1. 危险品订舱

（1）订舱前应了解船公司的相关规定。装载危险货物的船舶必须具备一定的条件，特别是装载全危险品的船舶必须具备船舶监管部门的检验合格证书。对危险货物等级为 CLASS 1、CLASS 2、CLASS 3.1、CLASS 5.2、CLASS 7 的托运，事先应对船舶能否适运了解清楚，以免造成配船后再退关而延误装期。

危险货物
分类

（2）订舱前应了解挂靠港口的相关规定。比如，货物如需在中国香港和新加坡港口转运，两港口对危险货物的进出转运都有特殊的规定和要求，许多品种被禁止转运。

（3）预订舱。危险品订舱需要事先填写危险品申请书，待船公司确认所申请危险品可以接受后，再进行电子订舱或纸面订舱，请务必在托单上标注危品级别（CLASS）及国际编号（UN No.），否则无法接受订舱。

（4）对不同类型的危险品，必须按各类不同危险特性分别办理订舱，以便船方按各种不同特性的危险货物按照《国际海运危险货物规则》（International Maritime Dangerous Goods Code，IMDG Code）的隔离要求分别堆装与运输，以保安全。比如，一份信用证和合同中同时出运氧化剂、易燃液体和腐蚀品三种不同性质的货物，托运时必须按三种不同性质危险货物分别缮制三份托运单，切不能一份托运单同时托运三种性质互不相容的危险货物，否则，船方就会将三种危险货物装在一起，三种不同性质、互不相容的货物极容易互相接触，产生化学反应，引起燃烧、爆炸，造成事故。如是集装箱运输，切忌互不相容的危险货物同装一集装箱内。

（5）危险货物的包装应能经受一定程度的温度、湿度、压力的变化，包装的重量、体积、外形应便于运输、装卸和堆码。

2. 危险品单证的缮制

（1）托运单

危险货物托运单应增加以下七项内容：

①货物名称必须用正确的化学学名或技术名称，不能使用人们不熟悉的商品俗名。

②必须注明危险货物 DANGEROUS CARGO 字样，以引起船方和船务代理的重视。

③必须注明危险货物的性质和类别，如氧化剂（Oxidizing Agent）和第 5.1 类（CLASS 5.1）字样，或易燃液体（Inflammable Liquid）和第 3.2 类（CLASS 3.2）。

④必须注明联合国危险编号，如磷酸为 UN No.1805。

⑤必须注明《国际危规》页码，如硝酸钾为 IMDG Code Page 5171。

⑥易燃液体必须注明闪点，如 Flash Piont 20 ℃。

⑦在积载时有特殊要求的，也必须在托运单上注明，供船舶配载时参考。比如，必须装舱面的货物，需注明 DECK SHIPMENT ONLY；需远离火源和热源的货物，应注明 FAR AWAY FROM FIRE AND HEAT 等。

（2）危险品申请表或危险品信息表

危险品订舱，除了仍需要提供十联托运单之外，还需要提供出境危险货物运输包装性能检验结果单、出境危险货物运输包装使用鉴定结果单、危险申请表（IMDG Appication Form）或危险品信息表（Hazardous Materials Shipping Information Form）或多式联运危险品信息表（Multimodal Dangerous Goods Form，MDGF）等单证；如果是普通化工品，则在出口订舱

时,一般船公司会要求货运代理提供由有资质的化工研究院检测中心出具的货物运输条件鉴定书(Certification for Safe Transport of Dangerous Goods),并注明该货物为普通化工品,以证明此商品不属于危险品,部分船公司委托人会要求生产厂家提供非危险品保函一份,明确责任。

危险品申请表或危险品信息表必须用英文填妥所有项目(其中所有联系人一栏须填写全名)并加盖货主及货代公章。申请表上的所有内容需与十联托运单完全一致,实际出运装船的件数、毛重、箱型必须符合申请,一旦申请并得到确认后即不允许更改。若擅自更改,由此引起的一切后果包括箱子不能装船,由订舱单位承担。

3. 危险品装箱作业

危险品装箱一般是在船结关前三四天,装箱太早会引起不必要的重柜堆存费(危险品在码头通常不会免堆存费),装晚了会耽误报关、危险品申报的时间。装箱分两种方式:一种是货主送货至危险品仓库内装箱后,再返回堆场。货主要在船结关前4天内把货物送到船货代公司指定的危险品仓库;另一种是工厂装箱,货主要提前准备好货物,以免因为备货太晚耽误船期。货物装箱后进港时,一定要在集装箱的四周贴上危险品标志,如果所装的货物一旦泄漏会对海洋造成污染的话,还需要贴上海洋污染标记。

危险品在装箱时一定要拍照,拍照一定要由持有港监证的监装员进行。拍照的流程是装箱前空柜拍一张,装箱过程拍一张,装箱完再拍一张,并要显示柜号;如果是铁桶包装的货物,装箱时一定要垫板加固,否则无法做港监,垫板加固的要求是铁桶装货物上下层之间垫板,柜门要用铁丝或木方加固好。

4. 危险品装卸作业

目前,不同码头对危险品的装卸、储存有不同的规定,比如,宁波港规定:凡《国际危规》中1类、7类危险货物集装箱作业,不予受理;2类及冷冻危险货物集装箱采用车—船、船—车直装、直提方式接运。特殊情况按操作部指令进行。因此,发货人或货运代理应遵守码头对不同类型危险品的要求及进港时间安排货物进港。在到达检查桥入口时,港口工作人员将对司机、卡车以及是否持有海事局盖章确认的《危险品装箱证明》等进行检查。收箱之前,还要检查铅封号和危险品标签是否有损坏,然后集装箱会被放到预先指定的位置,并由危险品专管员进行监控。

5. 危险品进口操作

(1)在进口危险品时,应提前同货运代理公司联络,以便及时安排相关单位进行提货计划。

(2)在进口危险品时,在提货前,应确保所有的进口清关手续已完成,以方便卸船时直接提货(只限于红色标志第1类和第2类危险品)。

(3)车队在到达码头检查桥之前,一定要确保持有正确的单证,确保所有运输危险品集装箱的卡车具有必需的证件和授权,确保拖盘上所有的集装箱的安全固定装置处干正常状态。

第二篇

国际船代篇

第四章

国际船代费用与单证

[开篇案例] 国际船舶代理的作用

从事国际贸易货物运输的船舶在世界各个港口之间进行营运的过程中,当它停靠于船舶所有人或船舶经营人所在地以外的其他港口时,船舶所有人或船舶经营人将无法亲自照管与船舶有关的营运业务。解决这一问题的方法有两种:第一,在有关港口设立船舶所有人或船舶经营人的分支机构;第二,由船舶所有人或船舶经营人委托在有关港口的专门从事代办船舶营运业务和服务的机构或个人代办船舶在港口的有关业务,即委托船舶代理人代办这些业务。在目前的航运实践中,船舶所有人或船舶经营人由于其财力或精力所限,而无法为自己所拥有或经营的船舶在可能停靠的港口普遍设立分支机构,又由于各国航运政策的不同,使得委托船舶代理人代办有关业务的方法成为普遍被采用的比较经济和有效的方法。

设立在世界海运港口的船舶代理机构或代理人,对本港的情况、所在国的法律、规章、习惯等都非常熟悉,并在从事船舶代理业务的实践中积累了丰富的经验。因此,他们经常能比船长更有效地安排和处理船舶在港口的各项业务,更经济地为船舶提供各项服务,从而加快船舶周转、降低运输成本,提高船舶的经营效益。目前,船舶所有人或船舶经营人大多都对自己拥有或经营的船舶在抵达的港口采用委托代理人代办船舶在港口各项业务的办法来照管自己的船舶。世界上的各个海运港口也都普遍开设有船舶代理机构或代理行,而且在一个港口又通常开设多家船舶代理机构从事船舶代理业务工作。

第一节　国际船代概述

一、国际船代概念与分类

国际船舶代理企业是指接受船舶所有人或者船舶承租人、船舶经营人的委托，在授权范围内代表委托人办理国际航行船舶进出港、在港等业务，并收取报酬的企业。

由于船舶的营运方式不同，而且在不同营运方式下的营运业务中所涉及的当事人又各不相同，各个当事人所委托代办的业务也有所不同。因此，根据委托人和代理业务范围不同，船舶代理可为不同的类型，以下介绍两大类型。

（一）自营代理与公共代理

1. 自营代理

自营代理是船公司自行设立船代企业，通常仅为自己的船舶提供代理服务。目前，国际上有实力的集装箱班轮船东，近年来逐步趋向于在船舶主要挂靠港口成立其自营的代理公司来经营船舶代理业务（即所谓的"自船自代"），比如，中远海运集装箱运输有限公司（简称"中远海集运"）下属的中远海集装箱船务代理有限公司主要为中远海集运的船舶提供代理服务。

2. 公共代理

公共代理可以接受所有船东的委托，为其提供代理服务，比如，中远海物流所属的中国外轮代理有限公司（简称"中国外代"，PENVICO）主要向第三方客户提供代理服务。

（二）班轮代理与不定期船代理

1. 班轮代理

班轮代理，主要是受班轮公司的委托，为其代办与在港班轮有关的业务。根据其委托的业务内容不同，可分为总代理、订舱代理和箱管代理。

（1）总代理

总代理是受班轮公司的委托，为其代办指定口岸所有的班轮代理业务。因而，总代理是独家的，而且总代理也可以选择、指派分代理。

（2）订舱代理

订舱代理是受班轮公司的委托，为其代办订舱业务。订舱代理通常应拥有较强的揽货能力，以便提高班轮的满舱率。

（3）箱管代理

箱管代理是受班轮公司的委托，为其代办与在港口和货运站的集装箱有关的业务。箱管代理通常拥有或租赁货运站，以便能更有效地做好箱管代理业务。

2. 不定期船代理

不定期船代理是受不定期船船舶所有人或租船人的委托，为其代办与在港船舶有关的业务。根据其委托的业务内容不同,可细分为不同的代理。

（1）总代理

总代理作为船公司的独家代理,为其代办与在港船舶有关的业务。

（2）船东代理

船东代理是受船东的委托,为船东代办与在港船舶有关的业务。

（2）承租人代理

承租人代理是受承租人的委托,为承租人代办与在港船舶有关的业务。

（3）承租人提名代理

承租人提名代理虽然仍是受船东委托,为其代办与在港船舶有关的业务,但该代理人是由承租人提名的,在维护船东利益的同时,也会兼顾承租人的利益。

（4）保护代理或监护代理

当装卸港代理由承租人指定或提名时,比如,在期租时,装卸港代理通常为承租人代理,在程租时,装卸港代理也可能是承租人提名代理,船东通常会选择另外一家代理作为保护代理（Protecting Agent）或监护代理,以维护自身的利益。反之,当装卸港代理由船东指定时,承租人也会委托保护代理或监护代理,以维护自身的利益。

（5）船务管理代理

一般而言,承租人指派的代理主要代办与船舶装卸有关的业务,因而,在未得到船东委托的情况下,通常不会为船东代办有关船务管理业务,此时,船东就会委托一个船务管理代理（简称船管代理）,代办诸如补充燃物料、修船、船员服务等业务。

综上所述,在不定期船运输中,尤其是在期租与光租下,船舶管理权与经营权分属于船舶所有人（俗称船东）和船舶承租人（俗称二船东、租船人）,因此,为了维护自身的利益,针对同一艘船,不仅可能存在若干个船舶代理,而且一个船舶代理也可能同时接受多个委托人的委托,为其代办船舶在港业务。在同一艘船存在两个或两个以上委托人的情况下,通常将支付港口使费的委托方称为第一委托方,而其他委托方均称为第二委托方。

二、国际船代业务范围

2023年8月21日,国务院公布了对《中华人民共和国国际海运条例》（下称《国际海运条例》）做出的第四次修订（《国际海运条例》于2001年12月11日以国务院令第335号发布,历经2013年、2016年、2019年、2023年四次修订）。

根据《国际海运条例》第二十三条规定,国际船舶代理经营者接受船舶所有人或者船舶承租人、船舶经营人的委托,可以经营下列业务:

（一）办理船舶进出港口手续,联系安排引航、靠泊和装卸;

（二）代签提单、运输合同,代办接受订舱业务;

（三）办理船舶、集装箱以及货物的报关手续;

（四）承揽货物,组织货载,办理货物、集装箱的托运和中转;

（五）代收运费,代办结算;

（六）组织客源,办理有关海上旅客运输业务;

（七）其他相关业务。

国际船舶代理经营者应当按照国家有关规定代扣代缴其所代理的外国国际船舶运输经营者的税款。

第二节　国际船代费用

一、国际船舶代理费收项目

代理费是船舶代理人接受委托方委托后,为所委托的船舶办理相关手续并提供各类服务而索取的相应报酬。

实践中,船舶代理的收费项目有以下四项(四种费用按委托方指定服务内容兼收)。1994 年,交通部发布了《航行国际航线船舶代理费收项目和标准》,实行政府定价。随后考虑市场的开放,该标准于 2003 年 12 月 2 日废止,实行市场定价。为此,中国船舶代理行业协会于 2004 年 4 月公布了《航行国际航线船舶代理费收项目和建议价格》(下文简称《价格》),供船代企业参考。船代企业是否执行此《价格》中所拟定的费率,关键取决于船代市场的供需变化。

1. 船舶代理费

(1)收费办法

船舶代理费是按被代理船舶的净吨位或千瓦(拖船)收取的费用。通常进出口各收取一次,并规定最低收费。科研船、工程船(包括钻井平台)及辅助船舶,除进出口各收一次外,进口一个月后每月将加收费用。旅游船和不装卸货物、不上下旅客的船舶,进出口合并一次计收。

(2)船舶代理费包括的服务项目和内容

办理船舶进出港和水域的联检、申报手续,联系安排引航、拖船、泊位;洽办船舶修理、检验、熏舱、洗舱、扫舱;联系安排船用燃料、淡水、伙食、物料等供应;代缴船舶吨税,办理船员登记;向委托方及其他有关方通报船舶动态;转送船员文件等;港口使费结算。

2. 货物(旅客)代理费

货物(旅客)代理费是指按装卸货物吨数或箱量或载客人数收取的代理费。

(1)件杂货;超大件等特殊货物;干散货;原油、成品油、食用植物油;液化气、散装液体化学品、沥青等:针对不同船型,按载运货物的数量,划分不同的档次,并制定不同的收费标准。

(2)客船、旅游船:按上下旅客、承载旅游人数,制定每人收费标准。

(3)集装箱:针对空箱、重箱,按载箱数量及箱规格,划分不同的档次,制定不同的收费标准。

(4)货物(含旅客)代理费均规定了最低收费。

3. 代算、代收运费手续费

船舶代理代算、代收运费手续费,通常按运费总额的一定比例计收。

4. 其他收费项目

船舶代理可根据以下服务内容,向相关方收取费用。

(1)组织货载、洽订舱位。

(2)办理集装箱管理及租、还箱交接、单证等。

(3)洽办船舶买卖、船舶交接。

（4）洽办租船及期租船交接。

（5）洽办海事、海上事故处理。

（6）签发提单。

（7）通信费、交通费、单证费。

（8）洽办船舶修理。

（9）代购和转送船用备件。

（10）代办国际航班、海运客票。

（11）第二委托方代理费。

（12）办理船舶滞期速遣费的计算与结算。

（13）监护（保护）代理费。

（14）办理船员调换、遣返、签证和陪同旅行、游览、就医等。

（15）代办船舶通过琼州海峡申请手续。

（16）舱单申报。

二、船舶港口使费备用金

1. 船舶港口使费备用金及其估算的概念与构成

（1）船舶港口使费备用金的概念与构成

船舶港口使费（Port Disbursement）备用金，是指委托方根据船舶代理人的要求和估算，预付给代理人用以支付船舶在港发生的一切费用（包括船员的借支等）的款项。

港口使费备用金由代理费、正常港口费用、特殊项目费用等构成。港口使费明细如表4-1所示。

表4-1　港口使费明细

代理费、正常港口费用	特殊项目费用
代理费（Agency Fee）	浮吊或其他岸上设备租用费（Rental of Floating Crane or Other Shore Facilities）
船舶港务费（Harbour Dues）	码头工人工时费和杂作业费（Labour Charge）
船舶吨税（Tonnage Dues）	各种检验、计量费（Surveyors Charge）
进出口引航费和移泊引航费（Pilotage Inward/Outward，Pilotage on Shifting）	供油、供水费（Bunker/Water Supply Cost）
拖船费（Tuggage）	伙食、物料供应费（Provision/Store Supply Cost）
系、解缆费（Mooring/Unmooring Charge）	船员费用（Crew Cost）
停泊费（Wharfage，Berth/Buoy/Anchorage Charge）	污油污水/垃圾处置费和围油栏使用费（Slop/Garbage Disposal，Oil Fence Charges）
开、关舱费（Hatch Opening/Closing Charge）	临时修理费和零备件转运费（Repair Charge and Handling Charge for Spare Parts）
装卸费（Stevedorage）	船舶运输收入税（Income Tax on Transportation）
理货费（Tally Charge）	其他可能会产生的费用（Other Expenses/Charges）

续表

代理费、正常港口费用	特殊项目费用
口岸出入境检查检验机构的收费（Service Charge for Officials）	
交通费（Traffic Charges）	
通信费（Communication Charges）	

（2）港口使费备用金估算的概念与作用

港口使费备用金估算,是指船舶代理根据委托事项(包括船舶的总吨、净吨和装卸货物的种类、数量等货物资料及船舶在港的任务,或增添燃料、淡水、物料、食品等资料)、《港口收费计费办法》《航行国际航线船舶代理费收项目和建议价格》以及港口的有关规定,计算在港船舶可能产生的费用支出的过程。

准确预估港口使费备用金十分重要:预估过高,可能会丧失代理权;反之,预估不足,而委托人又未及时追加,船务代理可能需要予以垫付,而这些垫付费用有成为坏账的可能和风险。

2. 船舶港口使费备用金的索汇

一般情况下,船务代理应坚持不为委托人垫付任何款项的原则,因此,委托人预付备用金是代理人履行代理协议的必要前提。在代理关系成立后,船舶抵港之前,代理人必须向委托方索汇备用金,并且还可以按照实际需要随时提出增汇要求索汇,委托人必须汇寄备用金。如委托人没有及时汇足备用金而造成的船舶延误及其他损失和费用,由委托人自行承担。

在船舶办理离港开航手续前,如委托方承诺汇付的港口使费备用金仍未收到,又没有其他方式的担保,代理将面临两种选择:相信委托方,为船舶办理开航手续,再等候备用金汇达;不相信委托方的承诺,坚持等到备用金汇达自己的银行账户中后再为船舶办理开航手续。其选择的依据只能是自己对委托方的了解和对相关信息的分析和判断,一般在下列情况下可以考虑放行:

（1）委托人与公司长期合作,信誉良好的;

（2）委托人提交了银行汇款凭证,经财务部审核属实的;

（3）委托人已明确付款确认的,但由于特殊原因如节假日不能按时汇款的;

（4）委托人有 2 艘以上船舶委托公司,非单航次结算的。

3. 船舶港口使费备用金的使用

委托方未按索汇金额如数汇寄备用金时,开支以保证港口费用、吨税和代理费用开支为原则。

如发现可能超支时,及时提出增汇。随时掌握船舶在港作业的进度和吨税执照使用期限,发生数额较大的费用时及时索补。

4. 船舶港口使费备用金的结算

船舶港口使费备用金的结算应采取"一船一结、一港一清"的原则。即使是长期代理的船舶也应在每航次船离港后,及时缮制航次结账单,附寄各种单据,并应按时寄送往来账,核清账目。

（1）船舶代理代表客户与港方之间的结算。财务部结算人员在与港口有关单位进行费用结算时,应将实际结算费用账单与港口使费估算表中的项目及费用,进行认真的核对;核对后,如果差别不大,结算人员可以凭单付费;如果港方实际费用过高,应查明原因,并通知委托方,在得到委托方书面确认后,方可凭单付费。对于未列入港口使费估算表中的项目及费用,如船长借支、物料供应等,结算人员应自行或通过调度人员与委托方取得联系,在得到委托方书面确认后,方可凭单付费。在船舶结算期已过且账单已寄往委托方后,如果港口有关单位要求对某些费用项目进行结算,财务部结算人员应与委托方取得联系,在得到委托方书面确认后,方可凭单付费。

(2)船舶代理与委托方之间的结算。对签订长期代理协议的,船舶代理必须在协议规定的期限内与委托方结算。未签订长期代理协议的,在通常情况下,结算人员应该在船舶离港后15个工作日内收集好全部费用单据(包括与船舶有关的电话费、通信费、车费等),并在30个工作日内结算出全部账单;如果委托方要求提前结账,结算人员应考虑在合理的期限范围内,满足委托方的要求。

第三节　海运舱单

一、海运舱单概述

1. 舱单的概念与类型

舱单(Manifest,M/F),也称载货清单(Cargo Manifest)是指反映进出境船舶所载货物、物品信息的纸质载货清单及电子数据。

(1)按是否为纸质,可分为纸质舱单和电子舱单。

按照《中华人民共和国海关进出境运输工具舱单管理办法》要求的格式,以电子数据交换的方式向海关传输的进出境运输工具的载货清单数据,其内容应与纸质舱单数据一致。

(2)按进出口,可分为进口舱单、中转舱单、出口舱单。

出口(Export)舱单按货物是否装载于载运船舶,可分为预配舱单和清洁舱单。预配舱单,是指反映出口船舶预计装载货物、物品信息的舱单,因而也称预配清单(Pre Loading List,Pre L/L)。清洁舱单,也称装载舱单,是指反映出境船舶实际配载货物、物品信息的舱单。

中转舱单,是指反映在中转港船舶所载货物、物品信息的舱单。

进口(Import)舱单,是指反映进口船舶装载货物、物品信息的舱单。

2. 舱单的制作

在实践中,舱单和运费清单(Freight Manifest)常常使用同一份格式,即在舱单运费栏填上了运费数额的(包括预付和到付)就是运费清单,未填运费的就是舱单。

预配舱单,应根据装货单(S/O)留底资料,按航次、船舶、货物性质等进行缮制。

清洁舱单,应根据大副收据或场站收据副本——大副联,按航次、船舶、货物性质等进行缮制。

(1)舱单应按不同卸港单独分别缮制,不能将两个不同卸港的货物打在同一页舱单上,转船货物必须在目的港后面加上中转港的名称(如 Antwerp with Transshipment at Hamburg)。

(2)舱单应按提单号顺序缮制,不要出现顺序颠倒、跳号、重号等情况,各栏目内容应完整正确,与提单内容必须保持一致,不能随意简略或将部分内容合并。

(3)货主自有箱(SOC)时,应在舱单上注明,冷藏货要注明保温要求,危险品应注明国际危规编号并在该票货名栏内加盖红色"危险品"（Dangerous Cargo）印章。

（4）危险品以及超重、超尺码货物，应单独另外缮制一份危险品清单（Dangerous Cargo List）或超重、超尺码货物清单（Heavy Lift/Over Gauge Cargo List）。

二、海运舱单的申报

有关美国海运舱单申报，请参见第七章第四节。在我国，根据 2009 年 1 月 1 日实施的《中华人民共和国海关进出境运输工具舱单管理办法》（海关总署令第 172 号，以下简称《办法》）、《关于进出境船舶所载货物、物品舱单传输的有关事项》（海关总署 2008 年第 97 号公告）的规定，海运舱单的传输要求如下。

1. 传输主体与传输内容

舱单传输主体包括船公司、无船承运人、船代、海关监管场所、理货公司、发货人等。海运舱单传输主体及传输内容如表 4-2 所示。

表 4-2 海运舱单传输主体及传输内容

序号	传输主体	传输内容
1	无船承运人	原始舱单、预配舱单的货代提单数据以及分拨申请
2	船舶负责人	原始舱单、预配舱单和装载舱单的船公司提单数据
3	船舶代理公司	原始舱单、预配舱单和装载舱单的船公司提单数据以及分拨申请
4	海关监管场所经营人	进口：进口理货报告、分拨运抵报告、分拨理货报告、疏港分流申请、疏港运抵报告。出口：运抵报告、出口理货报告
5	理货部门	理货报告
6	发货人	装箱清单

（1）对船公司、船代、无船承运人、海关监管场所经营人、理货部门，实施备案管理，即应事先向海关办理备案手续；而对发货人，实施自动备案管理，即海关在接受发货人首次传输装箱清单时自动进行备案。

（2）对于境内无法人资格的船舶运输企业，应委托已在海关备案的境内船舶代理企业向海关传输舱单。

2. 舱单时限

（1）进口。集装箱船：在装货港装船前 24 h；非集装箱船：抵境内第一目的港的 24 h 以前。

（2）出口。集装箱船：装船 24 h 之前；非集装箱船：装船 2 h 之前。

3. 舱单传输应注意的事项

（1）传输的预配舱单应包括的项目。集装箱货物：发送方、船名、航次、提单号、件数、重量、集装箱号；非集装箱货物：发送方、船名、航次、提单号、件数、重量。

（2）如同一船舶载有集装箱货物和非集装箱货物进境的，应当按照规定的集装箱船舶和非集装箱船舶传输时限分别传输原始舱单数据。

（3）对于调拨进境空箱，应当在船舶抵达目的港前向海关传输原始舱单的主要数据。调拨出境空箱，应当在空箱装船的 2 h 前传输预配舱单的主要数据。

（4）未载有货物、物品的船舶，不需向海关传输舱单及相关电子数据。

（5）进出口转关货物，除装箱清单外，舱单等应向进境地或出境地海关传输。

（6）多票货物集（拼）的进口货物，应同时传输该箱内的所有货代提单数据。

【知识拓展】海关对理货报告传输的要求

理货报告，是指海关监管场所经营人或者理货部门对进出境运输工具所载货物、物品的实际装卸情况予以核对、确认的记录。

（1）进口货物理货报告。理货部门或者海关监管场所经营人应当在进境运输工具卸载货物、物品完毕后的 6 h 以内以电子数据方式向海关提交理货报告。需要二次理货的，经海关同意，可以在进境运输工具卸载货物、物品完毕后的 24 h 以内以电子数据方式向海关提交理货报告。海关应当将原始舱单与理货报告进行核对，对二者不相符的，以电子数据方式通知运输工具负责人。运输工具负责人应当在卸载货物、物品完毕后的 48 h 以内向海关报告不相符的原因。进口货物提交理货报告后，海关即可办理货物、物品的查验、放行手续。

（2）出口货物理货报告。出境运输工具驶离装货港的 6 h 以内，海关监管场所经营人或者理货部门应当以电子数据方式向海关提交理货报告。海关应当将装载舱单与理货报告进行核对，对二者不相符的，以电子数据方式通知运输工具负责人。运输工具负责人应当在装载货物、物品完毕后的 48 h 以内向海关报告不相符的原因。

三、海运舱单的更改

（一）我国海关对舱单更改的规定

《办法》第 4 章做出了专门规定，包括舱单的自由变更、依申请变更及处罚后变更。

1. 自由变更

（1）自由变更是舱单传输人无须海关同意，可以直接对已传输的舱单进行变更。

（2）根据《办法》第 30 条的规定，如发货人或收货人尚未向海关办理报关手续的，可以在原始舱单和预配舱单规定的传输时限以前，直接予以变更。

2. 依申请变更

依申请变更是舱单传输人向海关提出申请，经海关审批同意后，由海关进行更改。

根据《办法》第 31 条的规定，在原始舱单和预配舱单规定的传输时限后，有下列情形之一的，可以依申请变更：

（1）货物、物品因不可抗力灭失、短损，造成舱单电子数据不准确的；

（2）舱单中所列的出境货物、物品，因装运、配载等原因造成部分或者全部退关或者变更运输工具的；

（3）大宗散装货物、集装箱箱内所载的散装货物的溢短装数量在规定范围以内的；

（4）其他客观原因造成传输错误的。

根据《办法》第 33 条的规定，传输人申请变更时，应当向海关提交下列文件：

（1）舱单变更申请表；

（2）提（运）单的复印件；

（3）加盖舱单传输人公章的纸质舱单；

（4）其他能够证明舱单变更合理性的文件。比如，当大宗散货超出溢短装范围需变更重量时，应提供重量检验证书复印件。

3. 处罚后变更

处罚后变更是舱单传输人未在规定时限内申报舱单数据或申报的舱单数据不真实，海关依法予以处罚后,对舱单中的不实之处予以纠正。

(二)出口舱单更改操作

1. 件数、毛重、品名、目的港的更改

(1)船代应提供的资料:舱单变更申请表、清洁舱单(如分票改单,则需提供全部拼箱舱单,并在需改单的舱单处记号标明)。

(2)货代应提供的资料:保函、报关单(需审结)、装箱单(需注意品名,装箱数量和件数)、发票和销售合同(需注意品名,装箱数量和件数)、提单复印件(需盖船公司正本章)、改单费发票复印件。

2. 删单

(1)船代应提供的资料:舱单变更申请表、清洁舱单。

(2)货代资料:保函、报关单(需审结)、出库装箱单(货代公章及企业章及仓库章,如果是海关监管仓的需加盖理货公司的公章)、已发运的理货公司证明或码头在场证明、提单复印件(需盖船公司正本章)、删除的该票舱单未签提单证明、改单费发票复印件。

3. 增补

(1)船代应提供的资料:舱单变更申请表、清洁舱单。

(2)货代资料:保函、报关单(需审结)、出库装箱单(货代公章及企业章)、装箱单(需注意品名,装箱数量和件数)、发票和销售合同(需注意品名,装箱数量和件数)、理货公司证明、提单复印件(需盖船公司正本章)、改单费发票复印件。

4. 分票舱单合并

参考"增补舱单",此外,需要提供总票报关单、装箱单及发票。

5. 整票舱单拆票

参考"删单舱单",此外,需要提供分票报关单、装箱单及发票。

(三)进口舱单更改操作

以下说明收货人或货代需提交船代的资料,至于船代向海关提供的资料,请参照前述(二)中的规定。

1. 更改收货人

正本的舱单更改保函、新旧收货人的环保批文(如果不是废品无须提供此项)、装箱单、商业发票、合同、提单副本等。

2. 更改品名、件数、毛重与体积

正本的舱单更改保函、正本磅单(如果是海关查验过磅后需要更改的,则无须提供此项)、提单副本;如果是由正品货改为废品货,请提供收货人的环保批文与合同。

3. 进口拆票

(1)进口舱单分票申请:收货人填写相应内容并加盖公章。

(2)情况说明:收货人提供抬头应为"提货地所在海关"的分票情况说明。

(3)分票文件:收货人提交海关报关的所有资料复印件,比如,发票、装箱单、手册、批文、协议等。

4. 更改目的港(主要指国内中转改为口岸清关)

正本的舱单更改保函、提单副本等。

第五章

国际船代口岸查验

[开篇案例] 国际航行船舶进出境通关全流程无纸化

传统的船舶进出境通关模式,要求船舶代理除在网上进行申报之外,还需携带船舶证书、单证、人员证件、货物清单等资料到查验部门窗口递交申报审核,需要多次往返于码头和口岸查验单位,申报时间长、成本高,一定程度上制约了港口泊位的运营周转效率。2018年,浙江自贸试验区率先试点在舟山口岸实现国际航行船舶进出境全流程申报无纸化,依托国际贸易"单一窗口"标准版,实现海事、海关(含检验检疫业务)、边检等口岸查验单位的信息即时交换、反馈,除保留船员出入境证件、临时入境许可申请名单和船舶装卸货申请外,取消涉及口岸查验单位的44类、70余种纸质申报材料,通关时间明显缩短,申报成本明显降低,加快实现舟山口岸通关"最多跑一次"。

通过国际航行船舶进出境通关全流程无纸化改革试点,实现企业、监管部门和地方政府的多赢局面。一是大幅提高通关效率,通关时间压缩80%以上。改革前,船舶代理企业向各家口岸查验单位提交相关纸质单证,现场往返办事窗口累计8次以上,完成船舶进出境全流程通关手续办理累计需要16 h左右;改革后,企业完成无纸化通关手续办理只需2 h左右,压缩通关时间87.5%。二是大幅节省企业运营成本,提升船舶经营效益。船舶代理企业和船公司均大幅减少了因纸质单证交接、递送、申报等环节而产生的人力、物力成本。比如,出口岸联系单无纸流转、电子离港证发放的实行,可实现船代办理出口岸手续"零跑动",从而大幅节省船舶离港时间。三是大幅优化口岸监管资源,降低口岸执法成本。船舶进出境通关全流程无纸化,取消了大量现场办理、审核程序,有效促进了监管互认、执法互助,推动了执法流程联动优化,节约了人力、物力等监管资源,提高了口岸查验单位的管理效能。

第一节 国际航行船舶联合登临检查工作机制

一、国际航行船舶联合登临检查概述

根据《国际航行船舶进出中华人民共和国口岸检查办法》的规定：船抵口岸之前已办妥进口岸手续的，船抵达后即可上下人员、装卸货物和其他物品；船抵口岸之前未办妥进口岸手续的，船抵达后，除检查机关办理进口岸检查手续的工作人员和引航员外，其他人员不得上下船舶、不得装卸货物和其他物品；船舶进出的上一口岸是我国口岸的，船抵达后即可上下人员、装卸货物和其他物品，但是应当立即办理进口岸手续。因此，国际航行的船舶进出我国口岸，船舶代理应代表船公司向海事局以及海关、边防检查机关、卫生检疫机关和动植物检疫机关（俗称"一关三检"）进行申报，办妥进出口岸手续。

1. 国际航行船舶联合登临检查的概念

国际航行船舶联合登临检查（简称"联检"）系指各口岸查验单位根据法律、法规和规定的程序，对国际航行船舶进出我国口岸根据需要联合实施登轮检查的执法活动。

2. 国际航行船舶联合登临检查机构与分工

（1）各港口海事管理机构、边检、海关和检验检疫部门，应按照"信息互换、监管互认、执法互助"的要求，坚持依法高效、方便船舶、分工合作的原则联合开展船舶登临检查。

（2）各港口海事管理机构是国际航行船舶联合登临检查的召集单位，负有联合登临检查的组织协调责任，要及时汇总边检、海关及检验检疫部门登轮检查的需求，并做好拟登临船舶的沟通和船舶联合登临检查工作的安排。

（3）边检、海关及检验检疫部门为国际航行船舶联合登临检查的参加单位，对于悬挂检疫信号的船舶，在检验检疫机构排除公共卫生风险后，依职责共同对登临船舶开展检查工作。

3. 相关法规

（1）《国际航行船舶进出中华人民共和国口岸检查办法》，国务院令［1995］第 175 号发布；

（2）《国务院关于印发落实"三互"推进大通关建设改革方案的通知》，国发［2014］68 号；

（3）《交通运输部、公安部、海关总署、质检总局关于建立国际航行船舶联合登临检查工作机制的通知》，交海发［2016］234 号。

二、国际航行船舶联合登临检查工作流程与注意事项

1. 工作流程

目前，口岸已开展建设电子口岸平台网上申报系统，将海事、海关、检验检疫和边检各自独立的查验信息系统进行整合，船舶代理通过互联网提交电子申请材料，相关信息分别被采集入检查机关各自的查验系统，查验单位间通过网络反馈办理信息，海关、检验检疫和边检办理完毕各自手续后，网上将出口岸手续办妥与否的信息反馈海事部门，海事部门完

成出口岸审批后,审批信息通过网络发送到船舶代理,船舶代理自行打印《出口岸许可证》,从而从根本上避免了船方办理查验手续穿梭于查验单位和船舶的情况,节省了时间,提升了效率。

(1)各查验单位对需要检查的船舶拟定登临检查时间,告知海事部门。

(2)海事部门汇总各查验单位的登临检查需求,协调制订船舶联合登临检查计划,并通知船方或其代理人。

(3)各查验单位应按照船舶联合登临检查计划调派执法人员对目标船舶实施登轮检查。

2. 注意事项

(1)对于悬挂检疫信号的船舶,在检验检疫机构排除公共卫生风险后,依职责共同对登临船舶开展检查工作。

(2)因疫病疫情、核生化突发事件以及打击走私、贩毒、非法出入境等情形需有关单位单独登临检查的,仍按有关规定执行。

(3)对于来自疫区的船舶需要检疫合格方可开展检查工作。

(4)船舶锚泊、靠泊及在港期间,原则上仅开展一次联合登临检查。但以下情况除外:

①船舶新发现存在问题、缺陷、隐患的;

②船舶涉嫌违反法律、法规的;

③船舶被举报违反法律、法规的;

④上级机关指定要求检查的。

第二节　国际航行船舶动态申报与海事查验

一、国际航行船舶动态申报

国际航行船舶进出我国口岸,国际船舶代理应代表船东向海事局申报船舶动态、申请进出口岸审批与查验手续,以取得《国际航行船舶进/出口岸许可证》。

目前,进出口岸的国际航行船舶应通过"EDI 口岸申报系统"办理进出口岸动态申报,包括船舶基本信息申报、7 日动态申报、保安信息申报、24 h 动态申报及 24 h 动态变更申报五大手续。

二、国际航行船舶进出口岸查验

1. 申请期限

(1)进口:在船抵口岸之前或抵口岸 24 h 内办理。

(2)出口:船离口岸前 4 h 内办理。船在港停泊不足 4 h 的,在办理进口岸查验手续时,同时办理出口岸查验手续。船在港停泊不足 24 h 的,经检查机关同意,可在办理进口岸查验手续时,同时办理出口岸查验手续。

2. 提交材料

船舶进出口岸查验应提交的单证如表 5-1 所示。

表 5-1　船舶进出口岸查验应提交的单证

进口岸查验应提交的单证	出口岸查验应提交的单证
总申报单 1 份（船长盖章签名）	总申报单 1 份（船长盖章签名）
船舶概况表 1 份（船长盖章签名）	船舶概况表 1 份（船长盖章签名）（无变更者免）
货物申报单 1 份（船长盖章签名）	货物申报单 1 份（船长盖章签名）
船员名单 2 份（船长盖章签名）	船员名单 1 份（船长盖章签名）（无变更者免）
旅客名单 2 份（船长盖章签名）（无旅客免）	旅客名单 1 份（船长盖章签名）（无旅客、无变更者免）
经批准的船舶载运危险货物申报单	船舶出口岸手续联系单（其他查验单位需盖章确认）
船舶落实护航措施的证明（超大型船舶等特种船舶）	垃圾接收凭证、生活污水接收处理凭证或船长确认的无垃圾排放申明、无生活污水排放申明（船长盖章签名）（若由于特殊原因无法在办理出口岸手续时提交垃圾接收凭证、生活污水接收凭证，需填写《代理补交〈船舶生活污水／垃圾接收凭证〉记录表》，并及时补交）
有效的《国际船舶保安证书》或《临时国际船舶保安证书》或船舶保安信息材料及复印件［适用客船（包括高速客船）及 500 总吨及以上的货船］（必要时）	
上一港出口许可证（原则上应是正本原件，提供其他形式的出口许可证，如网上签发等，需经海事局备案同意后，方可提供打印件或复印件）	应提船舶证书原件的情况：新造船出口；在港内更改船名、国籍等基本信息的船舶。若由船级社代为更改由登记国主管部门签发的船舶证书（如：国籍证书、最低安全配员证书等），应提供该国主管机关或政府的授权证明文书；提供船舶证书正本原件有困难的，经登记国主管机关或政府认可，可提供证书复印件，或该国主管机关或政府签署的相关证明文书
船东互保协会证书（P&I 证书）原件及复印件（第一次来本港船舶）	
燃油污染损害民事责任保险或其他财务保证证书原件及复印件（1 000 总吨以上外国籍船舶和中国籍国际航行船舶）	
油污损害民事责任保险或其他财物保证证明书原件及复印件（载运 2 000 吨以上散装持久性油类的船舶）	需拖航检验的出口船舶，应持有海事局签发的"准予拖船、被拖物办理离港手续通知书"
第一次来港的船舶应提供所有船舶证书原件或者船舶证书更新后来港的船舶，应提供更新过的船舶证书原件。	

3. 受理与审核

经审核符合条件的，应予以办理进、出口岸手续，并签发《船舶进口岸手续办妥通知单》或《国际航行船舶出口岸许可证》。

申请人领取《国际航行船舶出口岸许可证》后，情况发生变化或 24 h 内未驶离口岸的，接到申请人的报告后，查验员应按规定商请其他检查机关决定是否重新办理出口岸手续。

第三节　国际航行船舶海关检查与检验检疫

一、国际航行船舶海关检查

国际航行船舶海关检查是指海关依法对进出境国际航行船舶及其所载货物、物品,征收关税和其他税费进行检查的行政管理活动。

1. 船舶进境申报

(1)申报时限

在船预计抵达口岸 24 h 前(航程不足 24 h 的,在驶离上一口岸时),将抵达时间、靠泊、移泊计划及船员、旅客等有关情况报告海关。

(2)申报资料

总申报单、货物申报单、旅客名单(无旅客免交)、船员名单、船用物品申报单、船员物品申报单、船舶进出境(港)海关监管簿(中国籍船舶)。应征船舶吨税的,提交船舶吨税申请书、船舶吨位证书和国籍证书。

(3)审批

海关办理船舶进境登记手续,开具吨照,在中国籍船舶的船舶进出境(港)海关监管簿上批注航线、载货、烟酒库等监管情况。

2. 船舶出境申报

(1)申报时限

在船离境前 12 h 内。如停泊不足 24 h,可在办进境时一同办理。出境时如吨照已过期,除非 24 h 内不上下客货,必须重新申领吨照。

(2)申报资料

总申报单、货物申报单、旅客名单(无变动免交)、船员名单(无变动免交)、船舶进出境(港)海关监管簿(中国籍船舶)、船舶出口岸手续联系单。

(3)审批

海关办理船舶出境登记手续。海关在中国籍船舶的船舶进出境(港)海关监管簿批注航线、载货、烟酒库等监管情况。未经中国海关注册、不使用进出境(港)海关监管簿的船舶驶往国内其他港口的,海关填制监管书由船方带交下一港口海关。办结出境手续的船舶,海关在船舶出口岸手续联系单上签章。

二、国际航行船舶检验检疫

国际航行船舶进出口岸需要通过出入境检验检疫机构的检验,具体包括卫生检疫和进出境动植物检疫。

(一)船舶入境卫生检疫

船舶入境检疫查验业务流程如图 5-1 所示。入境的船舶必须在最先抵达口岸的指定地点接受检疫,办理入境检验检疫手续。

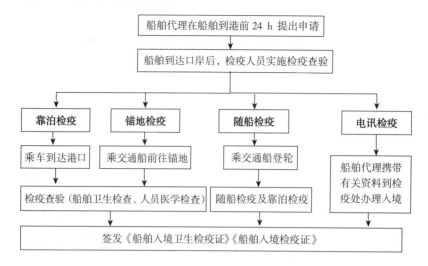

图 5-1　船舶入境检疫查验业务流程

1. 申报

在船抵港 24 h 前(航程不足 24 h 的,在驶离上一口岸时)通过船舶检验检疫电子管理系统进行远程电子报检。

(1)船名、国籍、船舶的发航港、沿途寄港、最后寄港、目的港及发航日期、最后寄港日期和预抵日期。

(2)船员和旅客人数及健康情况(有无传染病病人、疑似传染病病人,或有无非意外伤害而死亡并死因不明的尸体;有无发热、皮疹、腹泻、黄疸等症状)。

(3)载货种类和重量,集装箱数量。

(4)是否装载压舱水、装载港及数量、是否排放;是否装载垫舱物料、装载港及数量、是否卸下。

(5)船舶免予卫生控制措施证书/卫生控制措施证书的签发日期和签发港,交通工具卫生证书的签发日期、签发港及编号。

2. 判定检疫方式

根据申报的以上内容,发给检疫方式回执,船舶代理持回执办理检疫手续。

1)锚地检疫

检验检疫机构对下列情况之一的船舶进行锚地检疫:

(1)来自检疫传染病疫区的;

(2)来自动植物疫区,国家有明确要求的;

(3)有检疫传染病病人、疑似检疫传染病病人,或者有人非因意外伤害而死亡并死因不明的;

(4)装载的货物为活动物的;

(5)发现有啮齿动物异常死亡的;

(6)废旧船舶;

(7)未持有有效的船舶免予卫生控制措施证书/卫生控制措施证书的;

(8)船方申请锚地检疫的;

(9)检验检疫机构工作需要的。

2)电讯检疫

持有有效交通工具卫生证书,且无以上所列需要在锚地检疫的船舶,经申请,检疫机构应当实施电讯检疫。船舶收到检疫机构同意的批复后,即视为已实施电讯检疫。船舶代理人必须在船舶抵达口岸 24 h 内到检疫机关办理入境检疫手续。

3)靠泊检疫

对未持有效交通工具卫生证书,且无以上所列需要在锚地检疫的船舶或者因天气、潮水等原因无法实施锚地检疫的船舶,经申请,可以实施靠泊检疫。

4)随船检疫

对旅游船、军事船等特殊船舶以及遇有特殊情况的船舶,如船上有病人需要救治、特殊物资急需装卸、船舶急需抢修等,经船方或其代理申请,可以实施随船检疫。

3. 现场检疫

(1)提交材料

登轮办理入境检验检疫手续时,船方或者其代理人应当向检验检疫机构提交航海健康申报书、总申报单、货物申报单、船员名单、旅客名单、压舱水报告单及食品装载清单和载水清单,并应检验检疫人员的要求提交船舶免予卫生控制措施证书/卫生控制措施证书、交通工具卫生证书、预防接种证书、健康证书以及航海日志等有关资料。

(2)检疫

检验检疫人员登轮进行卫生检查、对无交通工具卫生证书的船舶,将根据检查情况进行卫生评分,对评分合格的船舶签发交通工具卫生证书。

4. 签证

对经检疫判定没有染疫的入境船舶,签发船舶入境卫生检疫证。

对经检疫判定染疫、染疫嫌疑或者来自传染病疫区应当实施卫生除害处理的或者有其他限制事项的入境船舶,在实施相应的卫生除害处理或者注明应当接受的卫生除害处理事项后,签发船舶入境检疫证。

对来自动植物疫区经检疫判定合格的船舶,应船方要求签发运输工具检疫证书。

对须实施卫生除害处理的,在处理合格后,应船方要求签发运输工具检疫处理证书。

(二)船舶出境卫生检疫

1. 申报时间

应当在船舶离境前 4 h 申报办理出境手续,已办理手续但出现人员、货物的变化或者因其他特殊情况 24 h 内不能离境的,须重新办理手续。

船舶在口岸停留不足 24 h 的,经检验检疫机构同意,船方或其代理人在办理入境手续时,可以同时办理出境手续。

2. 申报材料

办理出境检验检疫手续时,船方或者其代理人应当向检验检疫机构提交航海健康申报书、总申报单、货物申报单、船员名单、旅客名单及食品装载清单和载水清单等有关资料(入境时已提交且无变动的可免于提供)。

3. 检疫

检验检疫人员根据食品装载清单严格检查食品库并检查食品供应发票,如发现违规的食品,如从未经检验检疫机关卫生许可的供应单位购买的食品,则一律截留。

4. 签 证

经出境检验检疫合格的船舶,检验检疫人员签发交通工具出境卫生检疫证书。

（三）船舶动植物检疫

进出境船舶动植物检疫适用于来自植物疫区的国际航行船舶、装载进出境植物及植物产品的船舶、进境供拆船用的废旧船舶和修理船舶。

1. 接受报检

（1）接受预报,审核国际航行船舶动植物检疫登记表、船舶检疫记录,对需到锚地或其他指定地点进行检疫或需特殊处理的船舶,通知船务代理做好准备工作。

（2）审核总申报单、货物申报单、船用物品申报单,查阅载货清单等有关单证,并进行编号登记。对单证不齐全或持无效单证报检的,不予受理。

2. 实施检疫

（1）登轮检疫。一是核查所申报内容是否属实,并填写检疫记录册。二是对库房、厨房、餐厅、室内外垃圾桶、甲板、灯光区、货舱、货物及包装等进行检查。

（2）室内检验。对现场检疫取回的样品以及截获的有害生物进行检验、鉴定。

3. 签 证

（1）经审核单证合格并符合有关要求的进口岸船舶,签发检验检疫通知单。出口岸的船舶,在船舶出口岸手续联系单上签署意见并盖章。

（2）对符合动植物检疫规定的,出具运输工具检验检疫证书。

（3）对不符合动植物检疫规定的,出具检验检疫处理通知单。

（4）经检疫处理后符合动植物检疫规定的,出具运输工具检验检疫证书。

第四节　国际航行船舶边防检查

国际航行船舶边防检查,是指边防检查站对船舶所运载人员的证件进行核对查验,对船舶及其载运的货物和员工(旅客)的行李物品进行检查的行政管理活动。

国际航行船舶出入境边防检查手续,可分为入境、入港、出境、出港手续,具体划分以船舶驶来港及目的港为何地确定。我国港澳台地区以入境出境计。

一、船舶入境边防检查

1. 办理预检手续

预检是指边防检查站在入境船舶抵港前,依据船舶负责人或其代理人提交的申请和预报资料预先进行的检查。

在国际航行船舶预计抵达口岸 24 h 前(航程不足 24 h 的,在驶离上一口岸时),船舶负责人或其代理人通过因特网向边防检查站提出船舶入境预检申请。

（1）提交单证包括:总申报单、船员名单、旅客名单(如无旅客不提供)、交通运输工具自备枪支(弹药)申报表(如在总申单中已注明则不需提供)。

（2）边防检查站根据提交的申请以及单证情况确定出入境正式检查方式：登轮办理还是不登轮办理。

对已办妥预检手续的船舶，靠港后即可开工作业，港区作业工人可以上下外轮，待正式检查结束后，船员、其他登轮人员方可上下外轮。未经预检的船舶抵港后，未经边防检查站许可，不得开工作业，不得上下人员，监护队执勤民警实施梯口监护。

2. **办理正式检查手续**

正检是指边防检查站在入境船舶抵港后依法对船舶及其人员进行的检查。它包括不登轮检查和登轮检查两种方式。

（1）不登轮检查，俗称窗口办理

入境船舶靠泊后，船舶代理人员应在 4 h 内，按要求携带相关单证到辖区边检站办理正式检查手续。提交单证：总申报单、船员物品申报单、船员名单、若有旅客的提供旅客名单、船员和旅客有效的国际旅行证件、船长签字盖章的船员登陆申请表、交通运输工具自备枪支（弹药）申报表（如已在总申报单中注明，可不需填写此表）。

检查人员按规定程序检查无误后签发船员登陆证（与我国有海员互免签证协议的免办），填写船舶入出境（港）边防检查手续情况通知单，并注明"已办妥边防检查手续"，通知监护中队和业务值班室。

船靠泊后，船代人员将通知单交监护人员，将船员登陆证交船方，船员可以登陆，从本港入境的外籍船员如办有我国签证的，盖入境验讫章，如船员入境后不随原船出境的，入境时应填写"入境登记卡"，到边防检查站办理入境手续。

（2）登轮检查

登轮检查，是指船舶靠泊后，边防检查人员直接登轮办理船舶入境正式检查手续。

以下情况需登轮办理入境检查手续：

①不靠岸的海上作业船；

②载有偷渡人员或在控人员的船舶；

③有情报表明有违法犯罪嫌疑的船舶；

④携有枪支弹药的船舶；

⑤有严重违法犯罪记录的船舶；

⑥上级通知或边检站认为需登轮办理边防检查手续的船舶。

检查人员登轮后，船方负责人或代理人应到场协助检查。登轮办理检查手续的船舶，在办理手续期间，由边检站进行监护，未经边检站允许，除口岸检查检验机关办理检查手续工作人员和引航员外，其他人员不得上下船舶、不得装卸货物和其他物品。

二、船舶出境边防检查

1. **申请**

（1）船方或其代理人应当在船舶驶离口岸前 4 h 内（船舶在口岸停泊不足 4 h 的，在抵达口岸时），向边防检查站申报办理船舶出境手续。

（2）提交的单证包括：总申报单、船员名单、旅客名单（无旅客免交）和人员有效证件。中国籍船舶和全部船员为我外派船员的方便旗船舶，还应提交经船长签字盖章的中华人民共和国航行国际航线船舶出境自查报告表。

2. 检查与放行

（1）收回船员登陆证（出港船舶除外），在船舶出口岸手续联系单上签注同意并加盖业务专用章交代理人。出港的外国籍船舶还应制作"边封"交船方转交下一港边检站。手续办妥后，填写通知书（一式两份），一份留存，一份交监护中队。

（2）船舶自办妥出境边防检查手续后到出境前，未经边防检查站许可，不得上下人员、装卸货物。

（3）对于船舶推迟开航超过 24 h、船员发生变动、开航方向变化的，应重新办理出境手续。

三、船舶进出港边防检查

1. 入港边防检查

入港边防检查，是指来自国内港口的国际航行船舶靠泊后，边防检查站依法对船舶及人员实施的边防检查。

（1）船舶靠泊后，船代应在 4 h 内至辖区边检站检查队办理入港手续。

（2）所需单证包括总申报单、船员名单，经监护队执勤民警拆验并签名的边封（内含船员名单、外国籍船舶船员检查情况登记表），需办理船员登陆证的，还应提供船员登陆申请。

（3）中国籍国际航行船舶在国内开放港口间进出的，无须办理边防检查手续。

（4）来自国内港口的外国籍船舶，入船舶抵达口岸后，即可上下作业人员、开工作业，但在正式入港手续办妥前，船员和其他人员不得上下船舶。

2. 出港边防检查

出港边防检查，是指国际航行船舶从国内港驶离我国境内另一港口前，边防检查站依法对船舶及其人员进行的检查。

（1）船方或其代理人应当在船舶驶离口岸前 4 h 内（船舶在口岸停泊不足 4 h 的，在抵达口岸时），向边防检查站申报办理船舶出港手续。

（2）所需单证包括：总申报单、船员名单、旅客名单（无旅客免交）。

（3）对于出港的国际航行船舶，由边检站制作边封（内容包括外国籍船舶、船员检查情况登记表和加盖边防检查站业务专用章的船员名单），交由船方或其代理人转交或通过边检机关内部网络发送至下一港边防检查站。

（4）中国籍船舶出港、入港时，边检站可不进行检查，也不制作边封。

（5）对于船舶推迟开航超过 24 h、船员发生变动、开航方向变化的，应重新办理出境手续。

【知识拓展】口岸检查机关要求的单证

目前，因各口岸管理模式与管理水平不同，各口岸查验部门的要求不尽相同，但基本趋于一致。表 5-2 为大连口岸检查机关要求的单证一览表。

表 5-2　大连口岸检查机关要求的单证一览表

单证	海关		边检		海事		卫检	
	进口	出口	进口	出口	进口	出口	进口	出口
总申报单	1	1	1	1	1	1		1
货物申报单	1	1			1	1		1
船员物品申报单	1		1					
船用物品申报单	1						1	1
船员名单	1	(1)*	2	2	1	(1)*	1	(1)*
上一港出口许可证					1			
船舶概况表					1			
最近一次港口国检查(PSC)报告					1			
DOC 证书复印件					1			
SMC 证书复印件					1			
航海健康申报书							1	1
吨税执照(如果有)	1							
船舶出口岸手续联系单		1		1		1		1
舱单	1	1						

注:*如船员无变化,无须提交。

第六章

国际船代操作流程

[开篇案例] 中国船舶代理及无船承运人协会

中国船舶代理及无船承运人协会（China Association of Shipping Agencies & Non-Vessel-Operating Common Carriers，CASA）于 2001 年 6 月 8 日在北京成立，是由从事船舶代理业务和无船承运业务的企业自愿结成的全国性、行业性社会团体。协会的宗旨是：按照国家行业主管部门的有关规定，协助主管部门实施行业管理，维护我国船舶代理和无船承运人利益，保护会员的正当权益，加强会员单位的联系，帮助会员提高管理水平和服务质量，促进我国船舶代理业和无船承运业的健康发展。敦促会员维护船方和其他委托方利益，树立中国船舶代理行业和无船承运业的良好形象，为我国的航运事业做出贡献。目前，协会有会员单位 380 余家，其中，理事单位 53 家，常务理事单位 20 家。秘书处为日常办公机构，设有办公室、行业事务部、对外联络部和信息资料部四个部门，并在山东、上海、广东设立办事处。

第一节　船舶抵港前的代理工作

一、国际船舶代理关系的建立

（一）长期代理关系的建立

长期代理关系是指船舶代理与委托人签署长期代理协议，建立长期合作关系。在长期代理关系下，只要未发生协议所规定的可以终止长期代理关系的事项，代理关系长期有效。

1. 市场分析

对船务代理市场的供需现状与趋势进行分析,明确企业待开发的客户。

2. 开发客户

对有开发价值的客户,采取有效的销售手段,争取双方达成初步的合作意向。

3. 签署代理协议

在实践中,既有双方直接签署长期代理协议的,也有双方先就某一航次开展试代理服务,待双方满意后,再签署长期代理协议。

长期代理协议可分为集装箱船舶代埋协议、散杂货船代理协议和客运代理协议等多种格式。目前标准的船舶代理协议范本系《波罗的海国际航运公会》(Baltic & International Maritime Council,BIMCO) 和《国际船舶经纪和代理人协会联盟》(The Federation of National Associations of Ship Brokers and Agents, FONASBA) 联合制定的 "标准班轮代理协议" (BIMCO/FONASBA Standard Liner and General Agency Agreement)。一般而言,长期代理协议主要包括以下内容:

(1)甲乙双方当事人:公司的全称和地址。

(2)要因或事由:应有甲方委托乙方代理、乙方接受甲方代理委托的字样。

(3)总条款(General Conditions):协议适用的领域和范围。

(4)代理义务(Duties of the Agents)和工作范围(Activities of the Agents),包括委托方授权代理代办的各项业务工作内容和要求、揽货和订舱工作要求、现场服务要求、集装箱管理要求、单据传送要求、财务结算要求、运费收取和汇付要求等。

(5)委托方义务(Duties of the Principals),包括通报船舶动态、及时提供相关资料、文件和信息(包括船舶资料、来自港、预计抵港日期和任务等),预付船舶港口使费备用金,保证承担和赔付代理因执行委托方的指示而产生的针对代理的任何责任追究和经济赔偿,委托方应该支付的费用项目和范围等。

(6)双方商定的其他特殊约束条款。

(7)报酬(Remuneration)与财务结算办法,实践中一般以附件的形式另外签订报酬项目和费率。

(8)协议有效期(Duration)。有效期和协议终止、续期的条件及方式。

(9)协议正本的份数、保管和各自的效力,如有两种文字的正本,要注明以哪种文本的正本协议为准。

(10)适用法律和仲裁(Governing Law and Arbitration),应该写明协议适用哪国法律和具体的仲裁方式。

(11)双方签字。双方加盖公司印章或由双方法人授权代表签字,同时在签字时加签字日期。

4. 后续跟踪管理

在实施和运作过程中应进行后续跟踪管理,针对代理中存在的问题和未来发展变化,对代理协议进行修改或补充。

(二)航次代理业务关系的建立

航次代理关系是指船舶代理与委托人仅就某一航次的进口或出口的船舶达到委托代理关系,船舶代理完成委托人的航次受托事务后,代理关系即行终止。除定期班轮以外,其他船舶代理关系大多数是临时委托的航次代理关系。

1. 询价、接单审单

接到书面询价后，应了解船舶性质，明确委托关系，掌握来港任务，获得船舶规范，并对其传送的资料进行审核。审核的主要内容包括：船舶规范，来自港口与吃水，预计抵港时间与吃水，货物名称、种类、数量，是否装卸危险货物？装卸费用条款，是否需要加油加水？有无备件交接、船员遣返、船长借支？是否需要安排修理、绑扎、扫舱？有无超长、超重件？是否需要申请浮吊等？

对于专程来港加油、水、物料、修理等船舶，应事先接洽有关单位，如可供应或修理，方能接受委托。对于不予以受理的，应及时答复，说明情况。

2. 预估港口使费备用金

有关港口使费备用金的估算，将在后面专门予以说明。

3. 接受委托

预估港口使费备用金经审核无误后，向客户正式报价，并注明"接受代理"字样，如客户无异议，则代理合同成立。对于长期代理协议下的每个单航次应以船长电报、客户传真、电话记录作为委托证明，无须客户再发委托书及确认。

4. 后续跟踪管理

双方建立委托业务关系和联系档案；按代理协议的约定，做好代理的每项工作，包括处理结果和信息反馈；对代理合同进行评估，以决定是否继续进行业务往来。

二、船代资料准备与进港申请等工作

船舶抵港靠泊前，船舶代理除了建立代理关系、港口使费备用金估算与催索、向口岸检查机关办理船舶入境检查手续等工作外，还需要办理如下工作：

1. 索要货运资料及资料录入

进口：船抵港前（远洋航线在船抵港前 7 天，近洋航线在船抵港前 24 h），提供提单副本、舱单、集装箱装箱单、危险货物集装箱清单、危险货物说明书、冷藏集装箱清单。

出口：装船前 8 天，提供出口用箱计划、出口装货清单、预配箱清单等货运单证；如为危险品，应提供"危险货物载运申报单"和"危险货物装箱证明"等。

此外还包括船员名单、空白正本提单、预抵港确报及抵港吃水等资料。

2. 落实卸货、备货情况，并向委托人通告

卸货船抵港前，按委托申和卸货单据内容，联系收货人办理有关接货、报关、提货手续，商议存在的问题，并向委托人通告；如果卸货前需要由商检取样，则应通知货主及时联系商检部门，以便船抵港后可及时卸货。

装货船抵港前，联系发货人办理有关备货、验货、报关手续，确定递交货物备妥时间，并向委托人通告。计划调度应与货方或货方委托的货运代理联系，计划调度收到装货清单后，与委托协议核对，确认有关船舶、货物方面的记载项目无误后，将其复印若干份，一部分送交港方，另一部分装入"船舶资料袋"后由外勤人员转船方。

3. 向港方申报进港靠泊计划，并将港口对船舶的作业准备工作通告委托人

计划调度应向港务局调度和货商处分送船舶抵港动态资料、进出口货运资料、装货使费通知单等资料，以便安排靠泊作业，同时应将预计的靠泊、卸货计划通知客户。

4. 接收船舶动态信息,并告知有关方

值班调度随时掌握来港船船长的船位报告,并及时通知有关单位。

(1)向港方、货方等有关方通告船舶动态;

(2)向船长通告港务局有关单位指定的船舶在锚地抛锚的位置;

(3)向托运人、委托人等有关方发送船舶预计靠泊计划等。

5. 内外勤工作人员任务交接

计划调度将"船舶资料袋"转交外勤人员,外勤人员上船前应仔细阅读单船计划要求,备妥船舶进口联检必需的文件表格,以及有关货运文件、船员信件等,以做好登船前的各项准备工作。

第二节　船舶进港及靠泊装卸货期间的代理工作

一、船舶进港及靠泊代理工作

1. 做好船舶在锚地期间的代理工作

(1)与船长联系,取得船舶信息,通知靠泊计划、锚地检验检疫的时间、引航员上船时间,同时向船方发放船舶抵港电报。

(2)将船舶下锚时间、锚位通知海事局和港务局等。

(3)向口岸检查机关办理船舶入境手续。

(4)与船方保持 24 h 联系。

(5)处理检验检疫工作。

(6)协助和掌握船舶的修理,加水,加油,检测主机,船员调动的情况。

2. 安排船舶靠泊

船舶进港计划确定后,除了应通知船长做好准备外,应与引航站、轮驳公司联系以安排引航员、拖船等事宜以便靠泊。同时,向船公司和委托人报告船舶信息。

二、船舶在港代理工作

1. 办理口岸机关登轮查验与验舱等手续

(1)必须在船抵港 24 h 内到检查机关办理进口手续,并交纳有关费用(如船舶吨税、检疫费等)。

(2)外勤应根据装卸货的种类,及时提醒船长安排各类检验。由船方提出申请并负担费用的检验应取得船方的书面申请,检验报告或证书要及时送交船方或委托方。

2. 与船长交换资料与核实情况

(1)转递船长各种电传、电报、船用文件、船员信件及相关货运资料,询问船舶抵港吃水、抵港时间、下一港、留存油水,要求船长提供办理检查机关所需的单据,如舱单、舱图等,并将已预办的证书,如海事局核准危险货物申报书等交付船长。

(2)与船长核实实际在港任务,检查吨税执照是否有效,是否有诸如加油水、更换船员等追加事项,如发现预估备用金不足,应要求委托人确认并追加费用。

3. 接收船方装卸准备就绪通知书

对不定期船,船代可以受租方委托,代其接收船长递交的装卸准备就绪通知书。

4. 外勤业务员应随时掌握装卸动态、缮制装卸事实记录

掌握装卸动态,编制装卸时间事实记录,记录停工、复工、完工和移泊时间及其原因。在与船长共同签署事实记录时,应在签字下面注明"仅作为代理"。

5. 办理船舶在港的其他事宜

比如供油、供水等,保存各种费用单据。同时,每天向委托人发船舶动态电报,将每日装卸进度和装卸过程中发生的情况电告客户,并与其保持密切的联系。

第三节　船舶离港及离港后的代理工作

一、船舶离港代理工作

1. 向有关方索要货运单证

船舶离港前1天,订舱代理应将全船出口舱单、清单及船公司要求的其他单据,如"危险货物清单""冷藏货物清单"等及时转交给船舶代理,便于办理离港手续。

2. 了解委托方的委托事项是否已完成、港口使费备用金是否充足

比如,供油水、物料是否已办妥,船员是否已如数返船等,是否还有委托未办的事项。如港口使费仍未到账或数额不足,外勤人员应请示是否安排船舶离港。

3. 掌握船舶完货情况

了解船舶作业完毕时间、开航时间、开航时吃水、装/卸货数量、油水存量、预计抵达目的港时间等。

4. 检查有关货运单据是否已签妥

检查大副收据(场站收据)、提单、装卸时间事实记录是否已交船长(大副)签妥,如船长委托代理签发提单,则应由船长签发书面委托书。

5. 向船长提供出口货运单证

应于开航前2 h向船长提供提单副本、舱单、集装箱装箱单、集装箱积载图、特种集装箱清单、危险货物集装箱清单、危险货物说明书、冷藏集装箱清单等随船资料。

6. 办理船舶出口检查手续,并向船长交付清关单证

根据作业计划,联系口岸检查机关,办理出口检查手续,并及时通知船长做好开航准备,如有变动,则应及时通知有关方,以免延误开航。

7. 向港方、引航等办理离港作业

外勤通知调度向港方申报出港船名、国籍、船舶规范、吃水、出口载货数量、是否需要引航等,以便安排船舶离港作业。

二、船舶离港后的代理工作

1. 船代外勤向内勤人员交付单据

外勤人员应将有关货运单据、财务与费用单据进行整理,并交付本公司相关部门,以便由其续办寄送、结算等事宜。比如,单证部门依据大副收据、场站收据签发提单,EDI 人员向海关发送正式舱单等。

2. 船代向委托方及卸港船代传递相关资料与信息

船舶开航后,调度应立即向委托方发送离港电,并于规定时间(近洋航线开航后 24 h,远洋航线开航后 48 h)内采用传真、电传、邮寄等方式将舱单、舱图、提单副本、载货运费清单、船员名单等交付委托方和卸港代理,将准备就绪通知书、装卸事实记录、舱单、舱图、提单副本、载货运费清单等单据交付委托方。

3. 船代与委托方结算费用

主要指船代办理航次备用金的结算以及相关费用账单的寄送等。

4. 其他事宜

包括接受船长或船员委托,为其办理诸如寄发信件等事宜。

第三篇

无船承运篇

第七章

无船承运业务操作实务

[开篇案例] 无船承运人 ≠ 货运代理人?

在国际运输过程中,无船承运人(NVOCC)和货运代理人(Freight Forwarder)都起着"组织者""中间人"的作用。这与海运发展及两者关系的演变有关,无船承运人是在货运代理人从运输合同中介演变为运输合同主体的过程中产生的,无船承运人是货运代理业务的延伸和发展。国际货运代理行业中有一部分货运代理人也属于无船承运人,他们作为货主与实际承运人的桥梁,从货主处承揽货物,与货主订立运输合同,签发运输单证,对全程运输负责。对货主来说,货运代理人就是他的承运人。然而,并不是所有的货运代理人都是无船承运人,两者在法律地位、权利与义务、签发单证性质、合同关系等方面存在明显的不同。

第一节　无船承运人概述

一、无船承运人的概念与特点

1. 无船承运人的概念

对于无船承运人,中国无直接的定义,但美国与菲律宾有较为明确的定义。

(1)美国

追溯"无船承运人"(Non-Vessel Operating Carrier, NVOC)的源头,最早见于美国1984年的《航运法》,其全称为无船公共承运人(Non-Vessel Operating Common Carrier, NVOCC)。《航运法》第十七条第三款规定:无船公共承运人是指并不经营提供远洋运输船舶业务的公共承运人。美国《1998年航运改革法》,将以海上运输合同当事人身份出现,承担承运人责任,但又不拥有不经营船舶的远洋中介,称之为无船公共承运人。

（2）菲律宾

菲律宾 1984 年通过的《关于无船公共承运人与远洋货运代理人的规则》（Rules Governing Non-Vessel-Operating Common Carriers and Ocean Freight Forwarders）第二条第二款明确规定,无船公共承运人是指以自己的名义签发提单,对于真正的货主-托运人直接承担公共承运人责任,并且不经营提供远洋运输服务的船舶的公共承运人,其与远洋承运人之间的关系是托运人。该规则第四款则规定,远洋公共承运人是指经营船舶的公共承运人,但是不包括从事租船运输的人。

显然与美国法律规定相比,菲律宾关于无船承运人的界定,更加突出了"不经营"船舶的特征,而且明确规定不能用于租船运输,仅限于班轮运输。

（3）中国

我国《海商法》规定了承运人与实际承运人,货运代理作为无船承运人时,实际上充当了承运人的角色。

根据 2023 年 11 月 8 日颁布的《中华人民共和国国际海运条例》（以下简称《国际海运条例》）第七条规定,"无船承运业务,是指无船承运业务经营者以承运人身份接受托运人的货载,签发自己的提单或者其他运输单证,向托运人收取运费,通过国际船舶运输经营者完成国际海上货物运输,承担承运人责任的国际海上运输经营活动"。显然,这是间接地界定了"无船承运人"的概念。

综上所述,无船承运人可以定义为以承运人身份接受托运人的货载,签发自己的提单或其他运输单证,向托运人收取运费,通过班轮公司（实际承运人）完成国际海上货物运输,承担承运人责任,并依据法律规定设立的企业。

2. 无船承运人的特点

（1）在法律地位上为海上承运人

这是与货代、船代的本质区别。无船承运人作为承运人,有权制定自己的运价表,签发自己的提单或其他运输单证,收取运费,但同时也应承担货物运输责任。

（2）不拥有或不经营船舶

"无船"是无船承运人的充分条件,这是无船承运人与船公司的本质区别。从《国际海运条例》第七条对"无船承运业务"的界定看,无船承运人对船舶无实质的占有或控制权,要通过"国际船舶运输经营者"完成运输,表明无船承运人经营的是运输,而不是船舶。

（3）提供海上班轮运输服务

在英美法系中,通常将承运人分为公共承运人（Common Carrier）和合同承运人（Contractual Carrier）,并将无船承运人界定为公共承运人,故称之为无船公共承运人;在大陆法系中,并无公共承运人和合同承运人之分,因而通常称为无船承运人,但实际上,在大陆法系中,尽管不再强调"公共"二字,但我国《国际海运管理条例》已规定无船承运人不拥有或不经营船舶,表明无船承运人的服务范围限制为从事国际班轮运输。

（4）实行登记备案制度

目前,无论是国际货代、国际船代还是无船承运市场已全面彻底开放,已由最初的行政许可制改为登记备案制度。

①国际货代

根据《国际货运代理企业备案（暂行）办法》（商务部令 2005 年第 9 号）第二条"凡经国

家工商行政管理部门依法注册登记的国际货物运输代理企业及其分支机构(以下简称国际货代企业),应当向商务部或商务部委托的机构办理备案"和第四条"国际货代企业备案工作实行全国联网和属地化管理。商务部委托符合条件的地方商务主管部门(以下简称备案机关)负责办理本地区国际货代企业备案手续;受委托的备案机关不得自行委托其他机构进行备案"。

②国际船代

根据《交通运输部关于国际船舶代理业务备案工作的通告》(2013 年第 4 号通告),交通运输部委托中国船舶代理及无船承运人协会承担国际船舶代理企业备案工作。中国船舶代理及无船承运人协会特制定《国际船舶代理企业备案工作操作办法》,对于新成立的国际船舶代理企业的备案、国际船舶代理企业有重大变更的,包括变更企业名称、注册地、联系方式、高级业务管理人员或者停止国际船舶代理业务的企业的备案,以及正常从事国际船舶代理业务的企业的年度备案工作均予以明确,并在其网站已予以公布。

③无船承运人

一是企业设立备案。《国际海运条例》第七条规定,经营无船承运业务,应当自开业之日起 15 日内向省、自治区、直辖市人民政府交通主管部门备案,备案信息包括企业名称、注册地、联系方式。

二是运价备案。《国际海运条例》第十四条规定,经营国际班轮运输业务的国际船舶运输经营者的运价和无船承运业务经营者的运价,应当按照规定格式向国务院交通主管部门备案。国务院交通主管部门应当指定专门机构受理运价备案。备案的运价包括公布运价和协议运价。公布运价,是指国际船舶运输经营者和无船承运业务经营者运价本上载明的运价;协议运价,是指国际船舶运输经营者与货主、无船承运业务经营者约定的运价。公布运价自国务院交通主管部门受理备案之日起满 30 日生效;协议运价自国务院交通主管部门受理备案之时起满 24 h 生效。国际船舶运输经营者和无船承运业务经营者应当执行生效的备案运价。

美国航运改革法及 FMC 对 NVOCC 监管

三是企业终止备案。《国际海运条例》第十六条规定,国际集装箱船运输经营者、国际普通货船运输经营者和无船承运业务经营者终止经营的,应当自终止经营之日起 15 日内向省、自治区、直辖市人民政府交通主管部门备案。

二、无船承运人的业务范围

根据 2023 年 11 月交通运输部关于修改《中华人民共和国国际海运条例实施细则》的决定(中华人民共和国交通运输部令 2023 年第 16 号)第三条(四)规定,无船承运人围绕其所承运的货物开展的下列活动:

(1)以承运人身份与托运人订立国际货物运输合同;

(2)以承运人身份接收货物、交付货物;

(3)签发提单或者其他运输单证;

(4)收取运费及其他服务报酬;

(5)向国际船舶运输经营者或者其他运输方式经营者为所承运的货物订舱和办理托运;

(6)支付运费或者其他运输费用;

(7)集装箱拆箱、集拼箱业务;

（8）其他相关的业务。

第二节　无船承运人提单操作实务

一、无船承运人提单的概念与特点

1. 无船承运人提单的概念

参照我国《海商法》的定义，无船承运人提单，是指用以证明海上货物运输合同和货物已经由无船承运人接收或者装船，以及无船承运人保证据此交付货物的单证。

显然，无船承运人提单是特指无船承运人所签发的提单。如前所述，目前除了美国、中国等少数国家外，其他国家并无无船承运人的概念，因而这些国家的货运代理所签发的提单，虽称为货代提单，但与无船承运人提单并无差别，实际上指的是同一概念。

2. 无船承运人提单的特点

（1）提单签单主体不同。无船承运人提单是由无船承运人（货运代理）或其代理签发的，而船公司提单是由船公司、船长或其代理签发的。

（2）提单相互关联。在无船承运业务中，会涉及两个不同主体所签提单的操作，其中，由船公司签发的提单，通常称为母提单、主提单或备注提单（Master B/L 或 Memo B/L 或 Ocean B/L），由无船承运人签发的提单，通常称为子提单或运输行提单（House B/L），因而，通常称之为套单操作。

（3）提单类型不同。在套单操作下，无船承运人提单通常是收货待装船提单、指示提单，船公司提单一般是已装船提单和记名提单。

（4）提单制作存在差异。在套单操作下，无船承运人提单与船公司提单，在制作依据以及当事人、货物数量与体积、集装箱交付方式等方面记载不尽相同。

无船承运
人提单

二、无船承运人提单的流转程序与应用范围

1. 无船承运人提单的流转程序

拼箱业务下无船承运人提单流转程序如图 7-1 所示。

（1）无船承运人提单主要用于托运人结汇、收货人提货之用。其正本提单的流转顺序为：无船承运人装港代理—发货人—通知行—开证行—收货人—无船承运人卸港代理。

（2）船公司提单主要用于无船承运人与船公司之间的货物交接之用。其正本提单的流转顺序为：船公司装港代理—无船承运人装港代理—无船承运人卸港代理—船公司卸港代理。

2. 无船承运人提单应用范围

目前，无船承运人提单除了用于办理正常业务，供货方结汇之外，有时会应用于以下几个方面，从而为该提单的应用带来一定的负面影响。

（1）分享优惠运价

这是指两个无船承运人通过合作，以达到共同分享优惠运价的目的。在实践中，一些

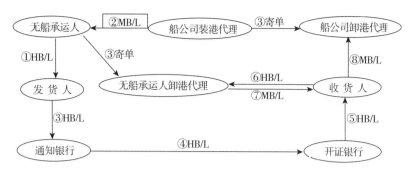

图 7-1　拼箱业务下无船承运人提单流转程序

由大货主组建的无船承运人具有掌控货源的便利,一些由船公司组建的无船承运人则具有掌控"运力"的便利,因而双方便有了合作的可能。此外,有些无船承运人并未取得合法经营的资格,因而不得不借助于其他无船承运人。比如,在北美航线上,只有取得联邦海事委员会批准的无船承运人才有资格通过与船公司签订服务合约的方式享受优惠运价。因而,实践中出现所谓的套约拼装(Co-loading),也称合并出运、合作装载。套约拼装,是指两个或两个以上的 NVOCC 的拼装货物,以一个主装 NVOCC 的名义,通过船公司实现海上运输的行为。其中,主装 NVOCC(Master NVOCC),也称签约 NVOCC(Contract NVOCC),是与船公司签订服务合约,负责将箱子交由船公司运输的 NVOCC;参与拼装的 NVOCC(Tendering NVOCC),也称交运货物的 NVOCC,是指接受发货人的委托后,负责把货物交给主装 NVOCC 运输的 NVOCC。

　　显然,在套约拼装下,形成了如下运输链:发货人→拼装的 NVOCC→主装的 NVOCC→船公司。其中,拼装的 NVOCC 负责揽货,主装的 NVOCC 负责获取更优惠的运价,通过彼此合作,实现了共同分享所赚取的优惠运价。在套约拼装下,一般需要签发三套提单:参与拼装的 NVOCC 向发货人签发自己的货代提单、主装 NVOCC 向参与拼装的 NVOCC 签发自己的货代提单、船公司向主装 NVOCC 签发自己的船公司提单。

　　(2)赚取签单费

　　在实践中,有些无船承运人会应其他货代或贸易公司的要求,出借自己的提单,以求拓展业务和赚取签单费,当然,无船承运人由此也将面临较大的风险。

　　(3)规避风险

　　有时,无船承运人提单成为货主或者货运代理、船公司规避风险的工具。比如,在收货人未如期支付货款之前,发货人指示自己控制或所属的无船承运人不将货物交付给收货人;反之,收货人也可以在未支付货款的情况下,要求自己控制或所属的无船承运人无单放货,以提取货物;对于船公司而言,在货方要求倒签、预借提单时,可倒签、预借无船承运提单,而船公司提单仍如实签发,以避免船公司承担风险;对于货运代理而言,为逃避责任,有时会签发其他货代的提单或以代理的身份签发提单。

　　(4)分享换单费

　　这是指装港的无船承运人通过与卸港的代理合作,以达到共同分享换单费的目的。比如,对于整箱货,本无签订无船承运人提单的必要,但如签发了无船承运人提单结汇,则收货人到船公司处提取货物之前,必须到无船承运人指定的卸港代理处支付换单费,办理换单手续。当然,无船承运人指定的卸港代理会将所收取的换单费按事先的约定比例,返还给无船承运人,从而实现了双赢。

（5）骗取货款或货物

有些贸易公司,往往利用自身所控制的无船承运人所签发的提单来达到骗取货款或货物的目的。如前所述,无船承运人或货运代理提单以承运人身份签发时,不仅具有物权凭证功能,而且也为银行所接受,但倘若签发人的信誉较差,就有可能使该"物权凭证"成为"一张废纸"。因此,对于货主而言,如选择接受无船承运人提单,则应确保该无船承运人的信誉良好。

【案例7-1】2020年12月12日,A公司与美国WP公司签订了一份价值111万美元的螺丝刀出口售货确认书。信用证规定:(1)A公司应以美国NBM运输公司(以下称NBM公司)出具的提单结汇,该提单还须打上"包括港至港运输"字样;(2)A公司在议付时须凭YF公司签署的产品合格证书结汇,该产品证书上的签字还须与付款银行的签名一致。2021年1月10日,A公司、美国NBM公司代表去上海B公司处联系货物出运事宜。同年1月23日,A公司正式出具两份出口货物明细单,注明:装运日期2月4日,收货人凭指示,要求出具NBM公司提单。2月3日,NBM公司出具两份提单,载明托运人为A公司,收货人凭指示,通知人为香港YF公司。当日C公司也合并出具一份提单,托运人为A公司,收货人和通知人均为NBM公司。两个公司的提单编号、承运船名、货物名称、数量等内容完全一样。A公司付清海运、代理费用后,B公司将NBM公司的提单寄至A公司,但C公司签发的提单仍在自己手中。2月16日,NBM公司电话指示B公司在出运港上海将C公司签发的提单交予C公司,以便NBM公司在货物运抵卸货港后提取货物。根据C公司的要求,B公司出具了保函一份:"提单因客户要求办理电报放货,由此产生的责任由我司负责。"货物抵达洛杉矶后,C公司收到了美国NBM公司的港口费用,并根据其传真指示,将货物放行给了美国DL公司委托的三家卡车公司。2021年2月28日,A公司接到银行通知,因单据与信用证有不符点,不能结汇,急忙传真B公司和C公司,要求一定要凭正本提单放货。同年3月1日、4日,NBM公司两次传真B公司,称"我司已将货柜发完"。因结汇不成且货物流失,NBM公司在我国境内也无办事机构,该公司在C公司放货后已不复存在。A公司向两被告提起诉讼。请求:判令被告赔偿全部货物损失1 113 737美元、货款利息损失、差费、律师费、诉讼费及保全费。

【案例评析】

(1)B公司是否应承担越权和无权代理的责任?

货物出运过程中,A公司从承运人提供的集装箱号、箱体标识以及接货的NBM提单编号、船名、航次、班期、船公司运价等方面,都能清楚地明白实际承运人是C公司。因此,本案所涉货物的运输实际由C公司承担已得到A公司的认同。A公司自NBM公司签发提单之日起,至银行结汇受阻,始终未对NBM公司作为契约承运人的地位和作用有任何怀疑,也未通过B公司主张过实际承运人的提单,由此可以认为B公司依据出口货物明细单及此前的订舱指示而实施的代理行为并未超越代理权限。

由于操作不规范,C公司签发的提单中本应将托运人记载为NBM公司,但却记载为A公司,由此在客观上使A公司与C公司形成了运输合同关系。因此C公司应将其提单交付给A公司,但由于A公司在处理C公司提单问题上授权不明,应视为是一种放弃权利的表示。B公司按照国际贸易和航运惯例"托运人就同一票货物不能同时持有两份物权凭证",在完成委托事项及交付NBM公司提单后,为便于货物在目的港交付,向C公司退回提单也没有违背委托人的意愿。

关于 NBM 公司的合法性问题。NBM 公司在我国国内无合法机构,出具的提单是"虚假提单"。这一结论是在 A 公司结汇受阻后才被认识的,在接受该份提单的当时,涉案各方均未引起警觉。要求 B 公司签发 NBM 公司提单是 A 公司的明确要求,接受该份"虚假提单"的后果也只能由委托人自行承担。

关于 B 公司出具的保函。B 公司在退回 C 公司的海运提单之后曾出具一份保函,这是为满足承运人的放货要求所为,船公司在收回正本提单的情况下并未以该保函作为放货的依据,故保函在本案已无实际作用。

(2)C 公司放货是否错误,以及放货行为与托运人是否存在联系?

C 公司在船舶抵达目的港之前已收回海运提单,其根据记名收货人的传真指示将货物放行给 NBM 公司指定的提货人不存在过错。国际海上运输惯例中,承运人见单放货是其义务。本案无证据证明 C 公司将争议的货物放行给了与记名收货人无关的其他人,况且 NBM 公司也未对货物的放行提出异议,反而有传真表明公司已领取货柜。A 公司不持有海运提单,不是提单持有人(提单法律关系中当事人为承运人和提单持有人),其却以托运人身份指责 C 公司放错对象,要求其赔偿货款损失缺乏事实证据和法律上的依据。同时,C 公司作为实际的承运人,其无权核查记名收货人的地位如何取得,更无义务查明收货人是否已付货款,A 公司要求追究 C 公司的放货责任理由是不足的。

(3)A 公司存在哪些失误?

在贸易合同 CIF 价格条件下,约定由买方指定使用 NBM 公司提单运输,以及须凭 YF 公司签署的产品合格证书结汇的软条款,这种约定具有较大的贸易风险。正是由于在审证时没有拒绝并及时要求买方改证,使外商利用"影子"货代公司——NBM 公司取得对货物的控制权,从而为其诈骗铺平了道路。

三、无船承运人提单的识别

如前所述,无论是货主还是无船承运人均不可掉以轻心,无船承运人应加强对提单的管理以防掉进货方所设的圈套,而作为 FOB 价货物的卖方或 CIF 买方,更应注意对无船承运人提单的识别。由于无船承运人提单中不乏非法提单,加之有些资信较差、其本身并不具备承运人资格的无船承运人通常利用银行不进行提单真伪识别这一有利条件,冒充承运人身份签发自己的提单,因此,货方仅在买卖合同中规定禁止使用无船承运人提单还远远不够,还应在装货前根据船名向船舶所有人、代理或船长了解谁是真正的船舶所有人,以确保对无船承运人提单和实际承运人提单的正确识别。

1. 国际货运代理协会联合会(FIATA)货运单证的识别

在实际业务中,许多人常常将无船承运人提单或货代提单与运输行运输单据混为一谈。实际上。无船承运人提单或货代提单只不过是运输行出具的运输单据中的一种,而且,依据 UCP600 对运输单据的判断标准,由运输行出具的单据也并非全部都是运输单据。因此,作为货主或货运代理有必要对无船承运人已签发或待签发的所谓"提单"进行识别,以判断是否符合贸易合同/信用证的规定或者是否接受此类单据。

以国际货运代理行业最大的非营利性国际组织为例,为了适应国际货运代理企业的业务需要,国际货运代理协会联合会(FIATA)已制定出如下 8 种统一格式的货运单证供会员采用。

(1)FIATA 运输指示(FIATA FORWARDING INSTRUCTIONS,FFI);

（2）FIATA 货运代理运输凭证或运输证明书(FIATA FORWARDERS CERTIFICATE OF TRANSPORT,FCT)；

（3）FIATA 货运代理收货凭证或货物收据(FIATA FORWARDERS CERTIFICATE OF RECEIPT,FCR)；

（4）FIATA 可转让联运提单(NEGOTIABLE FIATA MULTIMODAL TRANSPORT BILL OF LADING,FBL)；

（5）FIATA 不可转让联运货运单(NON-NEGOTIABLE FIATA MULTIMODAL WAYBILL,FWB)；

（6）FIATA 仓库收据(FIATA WAREHOUSE RECEIPT,FWR)；

（7）FIATA 托运人危险品运输声明(SHIPPERS DECLARATION FOR THE TRANSPORT OF DANGEROUS GOODS,SDT)；

（8）FIATA 托运人联运重量证明(SHIPPERS INTERMODAL WEIGHT CERTIFICATION, SIC)。

上述单据中,只有 FIATA 可转让联运提单才属于提单的范畴,因此,在实务中,无论是货主还是货运代理均应具备对各类所谓的"运输单据"进行识别的能力,以免承担相应的责任。

2. 案例分析

（1）在信用证实务中,NVOCC B/L,House B/L,FORWARDER B/L,FIATA FBL,FIATA FWB,都是作为运输行单据(Transport Documents Issued by Freight Forwarders)来处理的,因而必须能够满足 UCP600 第 19 条、20 条、21 条、22 条、23 条或 24 条的要求。

【案例 7-2】信用证:海运提单(Marine/Ocean Bill of Lading),实际提交提单:FIATA 的多式联运提单(FBL),试问银行可否以其不符为由而拒付?

分析:根据 UCP600 规定,除非信用证另有规定,银行将接受任何命名(However Named)的单据,因此,只要 FBL 满足 UCP600 第 20 条有关港至港海运提单的各项条件内容,则 FBL 可以作为海运提单被接受。

【案例 7-3】信用证:海运提单(Marine/Ocean Bill of Lading),同时又规定"运输行提单可以接受",试问"运输行提单可接受"的含义?

分析:"运输行提单可接受"这一条款出现在要求海运提单的信用证内时,可以认为允许运输行不以承运人或其代理人名义签发提单,但除信用证另有规定者外,该单据必须符合 UCP600 第 20 条的要求。

【案例 7-4】信用证:海运提单(Marine/Ocean Bill of Lading),实际提交的是运输行以承运人身份签发的海运提单,且在提单上显示出分提单号码(House B/L NO)或主提单号码(Master B/L NO),试问银行可否因注明分提单号或主提单号而拒受其为运输单据?

分析:根据 UCP600 规定,除非信用证另有规定,该提单虽由运输行签发,但只要能满足 UCP600 第 20 条有关港至港海运提单的各项条件内容,从而明白地表示它是承运人型单据,则银行没有理由因其打上分提单号码或主提单号码而拒受其为运输单据。

【案例 7-5】试问以契约承运人(Contracting Carrier)身份签发海运提单的运输行是否能视为 UCP600 第 20 条所指的承运人?

分析:UCP600 第 20 条没有提到承运人是"实际上的"还是"契约性的"这个问题,因此,不论其身份如何,事实是这两种情况下他们都是承运人。由此可见,除非信用证另有规定,只要符合 UCP600 第 20 条第 14 条(f)款的规定,运输行以契约承运人身份签发的海运提单是可以接受的。当然,为避免不必要的争议,承运人前面最好不要注明"契约"字样。

(2)货运代理运输凭证 FCT 和货运代理收货凭证 FCR 在 UCP600 中没有特别论述,不属于运输单据,应按 UCP600 第 14 条(f)款的规定处理,即:"如果信用证要求提示运输单据、保险单据和商业发票以外的单据,但未规定该单据由何人出具或单据的内容。如信用证对此未做规定,只要所提交单据的内容看来满足其功能需要且其他方面与 14 条(d)款相符,银行将对提示的单据予以接受。"14 条(d)款是指"单据中内容的描述不必与信用证、信用证对该项单据的描述以及国际标准银行实务完全一致,但不得与该项单据中的内容、其他规定的单据或信用证相冲突。

【案例 7-6】某跟单信用证要求提供下列单据:"1/2 运输行货物收据 FCR(Forwarding Certificate of Receipt),以我行为抬头人,证明货已不可撤销地运输,以开证申请人为通知人,并注明运费在目的地。"发货人递交的单据包括一份 FCR,注明"货物已不可撤销地运输"。货物收据由一运输行签署,其名称是"FIATA 运输行收货证明(FIATA FCR)"。银行认为"运输行货物收据 FCR 上具有关于运输的批注,应被视作运输单据,而不再只是运输行的货物收据"。因而,银行以 FCR 未按 UCP600 规定签字为由拒受单据。试问银行拒受单据的做法是否正确?

分析:FCR 不是运输单据,因此,它不受 UCP600 第 19 条、20 条、21 条、22 条、23 条或 24 条的要求的制约,而应根据 UCP600 第 14 条(f)款的规定来审核。至于 FCR 上显示的"货物已被不可撤销地运输"的备注,并不能使其转变为运输单据。如果信用证要求提交 FCR,则开证行有责任对其内容及完整性提出明确的指示,否则单据将按第 21 条审核。由此可见,银行拒受单据是无依据的。

【案例 7-7】某跟单信用证对单据的要求是:"提单注明货物由装货港 A 运至卸货港 B,以某指定人为抬头人。"银行审单发现受益人提交的是运输行收据而不是提单,为此以单证不符而拒收,试问银行拒受单据的做法是否正确?

分析:运输行收据不属于运输单据,不能替代海运提单,因而也不在 UCP600 第 14 条(f)款的范围之内,故银行有权拒受。

四、无船承运人提单的制作与签发

1. 无船承运人提单的制作

无船承运人提单作为子提单,主要用于结算,因此,其制作与签发必须符合贸易合同或信用证的规定,以便货方能顺利结汇及提货。与 UCP500 不同,UCP600 不再认可运输行签发的运输单据,因此,无船承运人在制作与签发提单时,首先,应查明贸易合同或信用证中对提单类型(班轮提单或多式联运提单等)的约定,然后再根据 UCP600 的规定进行制作与签发。

无船承运人提单与船公司提单若干项目对比如表 7-1 所示。有关具体制作要求,请参见有关提单制作等内容。

表 7-1　无船承运人提单与船公司提单若干项目对比

项目	无船承运人提单(子提单)	船公司提单(母提单)
发货人	信用证规定的发货人	无船承运人
收货人	信用证规定的收货人,常为指示提单	无船承运人,通常采取记名提单
通知人	信用证规定的通知人	无船承运人在目的港的代理
适用运价本	无船承运人运价本	实际承运人运价本
货物名称、数量、体积	按各个发货人交付情况记载	按无船承运人交付情况记载
货物交接方式	CFS/CFS	CY/CY
签发数量	按发货人数量(每位发货人一式三份)	仅签发一式三份
签发人	无船承运人或其代理	船公司、船长或其代理
主要用途	结汇	提货

2. 无船承运人提单的签发

在实务中,货运代理可以以承运人、多式联运经营人、自己的名义、承运人的代理人四种身份签发提单,但会涉及两个问题:一是所签发的提单能否符合信用证的规定;二是由此可能面临的责任与风险。

(1)以承运人(Acting As a Carrier)的身份签发

UCP600 取消了货运代理(Freight Forwarders)这一用语,以承运人、船东、船长或租船人以外人士取代。即 UCP600 第 14 条(1)项:假如运输单据能够满足本惯例第 19 条、20 条、21 条、22 条、23 条或 24 条的要求,则运输单据可以由承运人、船东、船长或租船人以外的任何一方出具。可见,银行可以接受货运代理、无船承运人等以承运人的身份所签发的运输单证。

(2)以多式联运经营人的身份签发

根据 UCP600 规定,即使是多式联运提单,也不得以多式联运经营人身份签发。因此,如采用信用证结算,则不得以多式联运经营人的身份签发提单。

(3)以自己的名义签发

根据是否接受承运人的委托,可以细分为以下两种情况:

一是作为间接代理/隐名代理。此时,虽然以自己的名义签章,即未在提单上公开其代理人身份和代理关系,但如果持有承运人、船长、船东或租船人的授权的话,则可以适用我国《民法典》的规定,即货运代理可以向提单持有人披露承运人,提单持有人可以选择货运代理或者承运人作为提单签发人主张其权利,但不得变更选定的相对人。

二是作为非间接代理/隐名代理。此时,货运代理应独立承担责任。

由于货运代理提单只有以承运人身份签发时才能被 UCP600 所接受。因此,当货运代理以自己名义签发"提单"时,除非信用证另有规定,银行是不予以接受的。

(4)以代理人的名义(As Agent)签发提单

根据是否事先披露被代理人,可以细分为以下两种情况:

一是表明代理人与被代理人的名称。即以承运人、船长、船东或租船人的代理身份签发,并且对作为被代理人的名称加以注明。此时,如果获得了被代理人的授权,而且明确表明其代理人身份并指明被代理人名称,则货运代理不承担责任。如果未获得授权便以其名义签发提单,属于无权代理,那么就必须为其签发的提单负责。当然,如果事后被代理人追认或者构成表见代理,被表明为被代理人的船公司或无船承运人仍可被认定为承运人。

二是未具体披露被代理人名称但表明了自己的代理人身份。此时,应结合具体案例来进一步判断货运代理的身份——代理人/承运人。由此决定是否承担责任。

根据 UCP600 规定,班轮提单的签发人可以是承运人、船长、承运人或船长的代理人。而且,无论是承运人、船长还是代理人均应做到其身份的可识别性,即①承运人或船长签署时必须标明其名称与身份,换言之,既要标明承运人公司的名称或船长的姓名,也要标明为承运人(Carrier)或船长(Master);②由代理人签署时,除了必须有代理人的签名外,还必须标明被代理人的名称和身份。

显然,当货运代理所签发的提单仅表明代理身份而未明确披露代理人名称时,除非信用证另有规定,否则银行对这种提单是不予接受的。

五、无船承运人提单的收回

1. 提单收回方式

一般而言,在套单下,通常存在以下情况的提单收回方式:

(1)双正本:货代凭正本 H—B/L 放货、船公司凭正本 M—B/L 放货。

(2)双副本:货代无单放货(凭副本 H—B/L 放货)、船公司无单放货(凭副本 M—B/L 放货)。

(3)一正一副:货代凭正本 H—B/L 放货、船公司无单放货(凭副本 M—B/L 放货)。

(4)一副一正:货代无单放货(凭副本 H—B/L 放货)、船公司凭正本 M—B/L 放货。

(5)双电放:货代电放、船公司电放。

(6)单电放:货代电放、船公司凭正本 M—B/L 放货;货代凭正本 H—B/L 放货、船公司电放。

2. 提单收回方式的选择

由于船东提单在货代与船公司之间流转,并非用于结汇,其流转速度较快,通常不会发生晚于船到的情况,同时申请电放所受限制的因素也较少;货代提单主要用于结汇,其流转较慢,通常会发生晚于船到的情况,为避免无单放货,可采用电放交货,但申请电放却可能会受贸易合同、信用证及提单类型等诸多限制,由此可见,在套单下,船东凭正本提单交货或电放均是可行的,一般不会出现无单放货操作,而货代却更可能采取无单放货或电放交货。显然,上述第二、三种情况发生的可能性不大。

第三节 集装箱货物集拼操作实务

一、集拼操作的含义与优缺点

1. 集拼的含义与优点

集拼操作,是指无船承运人作为集拼经营人(Consolidation)将起运地的拼箱货汇集成一个或数个整箱货后,交由船公司发运的组织方式,因此,也称为集中托运。集拼操作示意图如图 7-2 所示。

集拼操作可实现"四方"受益:

(1)无船承运人受益。无船承运人将拼箱货装入集装箱后,以整箱货集中托运,可以赚取"整箱货"与"拼箱货"之间的运费差价。

(2)托运人受益。托运人直接向船公司订舱,因货源较少,船公司将会按"零售价"收费,如向无船承运人订舱,为吸引客户,无船承运人会将赚取的运费差价返回一部分给托运人,因而托运人将支付较低的运费。此外,在集拼操作下,无船承运人提供了站到站,甚至门到门服务,货方可获得更为便捷的服务,同时,因托运人交付货物后即可取得无船承运人签发的提单,从而使结汇时间提前,加速了资金的周转。

(3)船公司受益。可以解除船公司揽货量不足的困扰,提高船公司的满载率。

(4)社会受益。有利于无船承运人与船公司之间的分工与合作。前者专注于货运组织工作,后者专注于实际的海上运输生产。

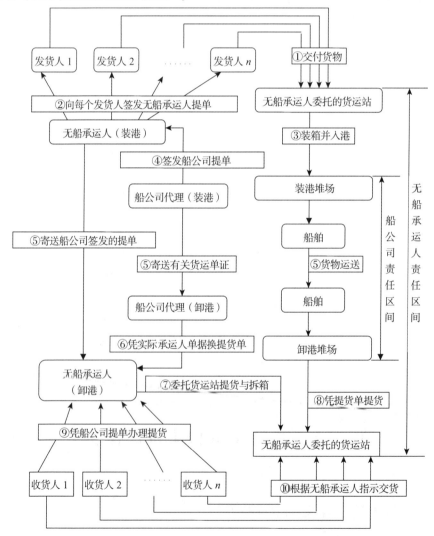

图 7-2　集拼操作示意图

2. 集拼操作的缺点

（1）对货方而言，货物实际装船时间及交付时间不易确定，这在无船承运人或其代理业务能力较差的情况下更是如此。因而，货方应选择资信良好的无船承运人，同时，易腐烂变质货物、紧急货物或对时间要求较高的货物最好不宜采用集拼操作方式。

（2）对无船承运人而言，一是需要软硬件投入，以便具备从事集拼操作的设施与能力和拥有良好的通信网络与服务网络；二是风险增加，需对货主、船公司承担责任。

（3）对船公司而言，无船承运人将成为竞争对手之一，迫使自己不得不降价。

二、集拼操作的组织模式

1. 按是否中转划分

（1）直拼。它是指在装港将托运的同类性质、同一流向和目的港的若干票货物拼装在同一集装箱内，交给承运人直接运至目的港进行拆箱交货的运输方式。

（2）混拼。它是指在装港将托运的同类性质，但不同目的港的若干票货物拼装在同一集装箱内，交给船公司运至既定的中转港，由转运代理人接箱拆拨后再按直拼的条件与要求拼箱后直接运至目的港进行拆箱交货的运输方式。

直拼操作运期短，方便快捷，一般有实力的拼箱公司会提供此类服务。转拼操作因目的港不一、待船时间长等因素，故运输时间较长，甚至运费偏高。

2. 按装箱场所不同划分

（1）拼箱。按海关的规定，拼箱特指在海关监管场所装箱的拼箱货。

（2）自拼。按海关的规定，自拼是指在非海关监管场所装箱的拼箱货。

3. 按承办人不同划分

（1）船公司或其代理承办的集拼。船公司直接受理拼箱货，并以 CFS/CFS 条款签发船公司提单。当然，此种情况有减少的趋势，因为一般船公司仅接受整箱货，而拼箱货则大多由货运代理或无船承运人承办。

（2）无船承运人承办的集拼。无船承运人以承运人的身份采用 CFS/CFS 条款接受不同发货人的拼箱货后，分别向其签发无船承运人提单，然后将其集中并装入整箱后，再以发货人的身份以 CY/CY 条款向实际承运人订舱，以求赚取更多的利润。

（3）货运代理承办的集拼。货运代理接收托运人的货物后，如果自行拼箱并向其签发自己的提单，则成为无船承运人，实际上系无船承运人承办拼箱；如果再将其交由其他的无船承运人进行拼箱操作，则称为转拼，此时的货运代理通常不签发自己的提单，但其身份是代理人还是当事人视具体情况而定，不能一概而论。

三、集拼货物通关操作

（一）出口集拼货物的通关

1. 通关模式

目前，对于出口拼箱货物，通常采用集中报关或集中交单模式。所谓集中报关，是指拼箱中所有分票货物的报关单等单据须集中递交后再实施审核、放行等操作。

（1）一次报关。拼箱货的各个发货人或其代理可以各自向海关发送电子数据申报；在货物装箱后,拼箱承运人按整箱将各分票报关单及随附单证汇齐后,向现场海关一次性递单,并附出口拼箱货物装箱明细表或出口拼箱货物清单。向海关发送电子数据的各报关企业分别承担各自所报单证的法律责任及相关义务。

（2）货到报关。在集装箱内的所有货物运抵海关监管场所后,拼箱仓库向海关发送运抵报告。运抵报告发送后,拼箱承运人才能办理拼箱货物的海关申报,以保障"货到报关"的有效实施。

（3）以箱为单元进行查验。拼箱货物报关后,对拼箱货物的监管将按集装箱为单元进行管理,所有查验手续按照整箱货物查验手续进行办理。

2. 通关单证

（1）出口拼箱货物报关单。报关企业在向海关申报出口拼箱货物时,应填报正确的集装箱箱号和封号,并在报关单备注栏内填报"拼箱"或"自拼"字样,其中在海关监管场所装箱的填报"拼箱"字样,在非海关监管场所装箱的填报"自拼"字样。

（2）拼箱清单。天津海关使用出口拼箱货物装箱明细表,宁波、广州等海关使用出口货物拼箱清单。以出口货物拼箱清单为例（见表7-2）,其上应加盖企业报关印章,并包含同一拼箱中所有出口货物的对应报关单,属特殊监管区域货物报关单和无纸通关货物报关单的应在备注栏内注明。无纸通关货物报关单"事后交单"时,无须递交拼箱清单。

表 7-2　出口货物拼箱清单

申报单位			报关员		
船　　名			航　次		
装 箱 点					
箱　　号					
序号	报关单号	提运单号	重　量	体　积	备　注
1					
2					
3					
4					
5					
6					
合　计：					
报关员签章处：					

填制说明:拼箱货物实行集中交单,同一集装箱所涉及的出口报关单必须全部填制本清单,并在清单右下角"报关员签章处"加盖报关章。

(3)出口拼箱货物报关单与拼箱清单必须相符,如更改需向海关办理手续。

3. 拼箱货物的更改与退关

(1)对于查验有问题的单票货物,为了不影响整箱内其他货物的出口,海关允许拼箱仓库将其他正常货物装箱、施封。

(2)如果拼箱承运人需要在该集装箱里增加新的货物,需重新办理相关手续。

(3)在海关监管场所装箱的拼箱货物部分申请退关的,应按照规定办理相应出口拼箱货物报关单的删除手续,再向监管场所办理相应出口运抵报告的更改,并且重新填报拼箱清单;在非海关监管场所装箱的拼箱货物发生部分退关的,视同全部货物退关,需删除全部报关单并办理重箱出卡口手续;全部拼箱货物申请退关的,按照规定办理全部报关单删除及重箱出卡口手续。

4. 不同贸易方式货物申报问题

出口口岸海关允许一个集装箱内拼装非口岸报关、不同贸易性质的出口货物(如:一般贸易货物、加工贸易货物及保税区货物、私人物品、使馆货物和拼箱转关货物等特殊监管货物);有非口岸报关货物的,报关企业应先在主管地海关办结货物的通关手续后,再凭主管地海关的放行装货单与拼箱中的其他货物报关单据到口岸海关办理拼箱货物的出口手续。

(二)进口拼箱货物的通关

如前所述,对于进口拼箱货,首先,应由无船承运人向海关申请分拨,将其从码头 CY 移至自己的 CFS;然后,拆箱后,各个收货人在办理换单、报关手续后,可以提取货物。

1. 分拨的概念

分拨是指海关监管场所经营人将进境货物、物品从一海关监管场所运至另一海关监管场所的行为。

2. 分拨的申报

(1)进境货物、物品需要分拨的,舱单传输人应当以电子数据方式向海关提出分拨货物、物品申请,经海关同意后方可分拨。

(2)分拨货物、物品运抵海关监管场所时,海关监管场所经营人应当以电子数据方式向海关提交分拨货物、物品运抵报告。

(3)在分拨货物、物品拆分完毕后的 2 h 以内,理货部门或者海关监管场所经营人应当以电子数据方式向海关提交分拨货物、物品理货报告。

(4)分拨货物、物品提交理货报告后,海关可办理货物、物品的查验、放行手续。

四、集拼操作流程

集拼操作包括出口集运与进口分拨两大部分。集拼操作程序如图 7-3 所示。

1. 出口集运

(1)接受委托、集中订舱

无船承运人根据拼箱量的大小,在开航前 10 天左右制作预托单,注明托运人为无船承运人,收货人为国外指定代理,并在货物说明栏中说明是拼箱货并列出所拼集装箱内每一种货物的名称或直接标注"Consolidate Goods",向船公司暂订舱。

无船承运人根据协议或经过临时协商与船公司事先订妥运价,取得船名、航次、总提单号后,再向托运人确认运价,并提供船名、航次、分提单号。

在拼箱的过程中,应注意将信用证规定的转运期相近的货物尽量装在一起,以便及时出运,同时对货物的特性也要有所了解,防止相互排斥的货物放在一起。

（2）收货、装箱与拼箱货报关

托运人或代理将货物送到无船承运人指定的拼箱 CFS 后,CFS 应向其签发无船承运人的场站收据(HD/R)。CFS 还应负责提空箱、装箱及拼箱货统一报关等事宜。

（3）安排重箱入港

货物装箱后,无船承运人安排拖车送箱入码头 CY 后,码头 CY 应向其签发船公司的场站收据(MD/R)。

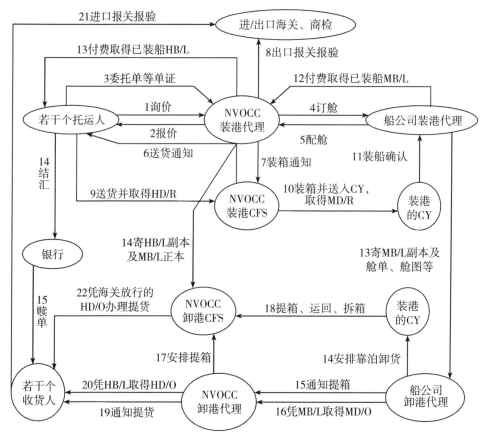

图7-3　集拼操作程序

（4）取得船公司提单

货物装船后,船公司或其代理,根据运杂费支付凭证（如为预付运费）、MD/R 等向无船承运人签发船公司提单(MB/L)。

（5）向托运人签发提单

无船承运人装港代理凭运杂费支付凭证（如为预付运费）、HD/R 等向托运人签发无船承运人提单(HB/L)。如要求签发收货待运提单,则在收货后即可签发;如要求签发已装船提单,需待集装箱装船后才能签发。

（6）托运人递单结汇

托运人取得无船承运人提单后,连同其他单证向银行交单结汇,收货人则向银行付款赎单,取得全套正本无船承运人提单。

（7）寄交单据

无船承运人装港代理应将船公司提单正本、装箱单、无船承运人提单副本及电放电报（如果为电放）、舱单、各分票海运费收费标准（如果运费为到付）等送其目的港代理，并向其发布船舶开航报。与此同时，船公司的装港代理也应将所签发的提单副本等货运单据寄送给船公司的卸港代理。

2. 进口分拨

（1）缮制并分发单证

无船承运人目的港代理取得这些单证后，首先，应核对有关整箱舱单及各分票舱单数据是否一致；其次，应缮制有关分票舱单及提货单；最后，将有关整箱资料和各分票舱单转交给卸港货运站或拆箱监管场所及拖车公司。

（2）办理船公司换单手续

无船承运人目的港代理支付运费后（如到付运费），凭正本船公司提单取得船公司目的港签发的提货单（MD/O）。

（3）海关分拨申请、重箱离港、入站拆箱

无船承运人目的港代理凭船公司提货单（MD/O）、各分票提单副本、舱单及入库清单等，向海关申请将整箱货移至无船承运人指定的具有海关监管资格的货运站，以便进行拆箱作业。海关放行后，无船承运人安排的拖车公司从码头堆场提取重箱，并移至货运站进行拆箱作业，如有短损，应由理货公司填写溢短单或残损单。

（4）发到货通知，签发提货单

无船承运人目的港代理向收货人发到货通知，并在收取运费后（如果为到付运费）和正本无船承运人提单后，向收货人签发无船承运人提货单（HD/O）。

（5）收货人报关、提货

各收货人可以自行或委托无船承运人办理通关手续，取得海关放行后，收货人可持提货单（HD/O）到无船承运人指定的货运站提取货物。

第四节　无船承运人美国 AMS 申报实务

一、AMS 申报概述

从 20 世纪 90 年代开始，美国海关开始引入了船公司自动舱单系统（Automated Manifest System, AMS）。自"9·11"事件发生之后，美国海关实施集装箱安全预检系统（Container Security Initiative, CSI）。基于集装箱安全预检的要求，从 2003 年 2 月 2 日起，美国海关开始在全球严格实施《装船前 24 h 申报舱单管理规则》（以下简称《24 h 规则》），即对所有挂靠美国港口的集装箱船舶，美国海关强制要求集装箱班轮运输公司和无船承运人在境外港口装船前 24 h，必须向美国海关的 AMS 预先申报集装箱内所装载货物的舱单资料，故也称反恐舱单申报或 AMS 申报。

1. AMS 适用范围与申报时限

（1）集装箱货物，不论是进口货还是过境货（Foreign Cargo on Board, FCOB），均要求在装货港（指本票货的第一装货港而非船舶抵达美国前的最后一个外国港）装货前 24 h 申报。

（2）散货，对进口货，在船抵美港口前 24 h；对过境货，在货装船前 24 h 申报。

（3）件杂货，对进口货，可申请享有 24 h 提前申报的豁免，如申请批准，则在船抵美港口前 24 h，如申请未批准，则应在国外港口装货前 24 h；对过境货，在国外港口装货前 24 h 申报。

2. 未按规定进行 AMS 申报的惩罚

《24 h 规则》为那些没有按照规则办事的申报主体设置三重惩罚制度：

（1）罚款。首次违规罚款 5 000 美元，第二次违规罚款 1 万美元，并依次累加。

（2）经济赔偿。如果未能在规定的时间内向海关提供准确的舱单信息，或者提供了错误的、伪造的及经过改动的舱单信息，除上述惩罚措施外，还要承担相应的经济赔偿责任。

（3）推迟卸船，即美国海关不发卸船许可证。规则规定，只有在船舶进港并且从海关获得了卸货许可后，才能将货物卸下。

二、无船承运人 AMS 申报实务

1. 申报方式

向美国海关进行 AMS 申报的主体主要是船公司。但在实际操作中，由于无船承运人都签发自己的提单，因而，无船承运人也被要求参与 24 h 预先申报舱单信息系统。

（1）无船承运人可选择自行或通过代理申报。在美国，无船承运人（NVOCC），可分为可具备 AMS 申报能力的无船承运人（AMS NVOCC）和不具备 AMS 申报能力的无船承运人（NON-AMS NVOCC）。前者是指有权通过 AMS 系统直接申报的无船承运人，它必须符合三个条件：一是具有美国联海事委员会（Federal Marine Committee，FMC）颁发的无船承运人证书或者在 FMC 取得登记；二是向美国海关缴纳了保证金或取得国际承运人担保；三是能够利用 AMS 系统传输数据。对于不具备 AMS 申报能力的无船承运人，必须通过具备 AMS 申报能力的服务商、港口当局或者船舶代理，向美国海关申报其舱单信息。

（2）在套约拼装下，基于是否具备自动申报资格的不同，NVOCC 的申报方式也有所不同。如表 7-3 所示，对于参与拼装的 NVOCC 而言，如果具有自动申报（指加入 AMS 或通过合法的代理申报）资格，则必须通过 AMS 系统直接向美国海关边防总署报备，反之，则必须通过主装的 NVOCC 申报；对于主装的 NVOCC 而言，如果具有自动申报的资格，则直接向海关申报，反之则通过代理商申报。

表 7-3 套约拼装下各 NVOCC 的申报方式

序号	是否具备申报 AMS 资格		申报方式
	拼装的 NVOCC	主装的 NVOCC	
1	否	是	拼装的 NVOCC→主装的 NVOCC→海关
2	是	否	拼装的 NVOCC→海关，主装的 NVOCC→代理商→海关
3	否	否	拼装的 NVOCC→主装的 NVOCC→代理商→海关
4	是	是	拼装的 NVOCC→海关，主装的 NVOCC→海关

（3）无船承运人不得通过船公司申报。美国海关的这一规定意图是：避免船公司和NVOCC之间在申报舱单时操作混乱，责任不明确，也可以减少舱单数据的差错。

2. 申报内容

按照 AMS 的规定，对于每一票美国航线的货物，承运人或无船承运人都必须以 EDI 的方式向美国海关的 AMS 提供四大类 14 项的舱单信息，分别为：

（1）船舶到达美国港口前所挂靠的最后一个外国港口。

（2）承运人的 SCAC 编号。

（3）承运人航次编号。

（4）船舶运抵第一个美国港口的日期。

（5）承运人海运提单号及提单总数、主单或分单。

（6）承运人接受托运运往美国货物的第一个外国收货地。

（7）包括重量在内的货物详尽描述。

（8）托运人全称、地址及 ID 号码。

（9）收货人及货主代表的全称、地址及 ID 号码。

（10）船名、船籍及 IMO 编号。

（11）货物装船的外国港口，即始发港（第一装港）。

（12）危险品国际标准代码。

（13）集装箱号。

（14）集装箱铅封号。

上述（1）~（7）项由承运人提供，（8）~（14）项必须由发货人提供。

3. 无船承运人申报的注意事项

（1）货物舱单内容中（1）、（6）和（11）项的填写。这适用于多式联运货物，比如，承运人签发从柏林到芝加哥的联运提单，承运人在柏林接货，用拖车运至汉堡，在汉堡装船，船舶最后途经南安普顿至纽约。那么，（1）项应为南安普顿，（6）项应为柏林，（11）项应为汉堡。

（2）包括重量在内的货物详尽描述。品名不能笼统，必须标明具体类别及材质（用途）。美国海关认为诸如"化学品"或"食品"之类的一般性描述太宽泛了。

（3）托运人全称、地址及 ID 号码。起运港发货人的公司应该是美国境外的，其资料必须完整，包括发货人名称、详细的地址；必须提供详细地址，详细到街道、门牌号；必须使用实际的发货人的名称和地址。作为发货人代理的货运代理不能成为发货人。

（4）收货人及货主代表的全称、地址及 ID 号码。目的地收货人或通知方必须是美国境内的，其资料必须完整，要求：有明确收货人或通知方详细名称，同时对目的地收货人/通知方的地址必须严格按照以下格式，否则将视作不完整舱单，不被海关接受。

在记名提单项下，收货人栏内应填入在美国境内的实际收货人的名称、地址（包括门牌号、路名、州名及邮编）、电话和传真号码（FROB 货物除外）。

在指示提单项下，在收货人栏填写"to order"可以接受。但是，这一栏内必须填上"to order of（银行、发货人等的真实名称）"和地址。同时第一通知方栏内必须填入在美国境内实际的收货人或其代表的名称和地址（FROB 货除外）。

由此可见，向美国海关申报的舱单中记载的托运人和收货人必须是买卖合同中真正的卖方和买方，而不是买卖双方委托的货运代理人。对指示提单而言，在作为物权凭证的提单中收货人被记载为"to order"以便流通转让，但在向美国海关预申报时，船公司或者无船承运人必须如实申报货物的所有人或其代表。换言之，如果托运人知道具体的收货人，即使签发的是指示提单，也必须将相关信息披露给承运人或者无船承运人，以便后者将其记载在第一通知方栏内。

第八章

国际海运货代身份识别

[开篇案例] 隐不了"身份",免不掉"板子"

原告 X 公司委托被告美商 Y 公司将一批机翼壁板由美国长滩运至中国上海。实际承运人 M 公司签发给被告的提单上载明"货装舱面,风险和费用由托运人承担"。而被告向原告签发的以自己为抬头的提单上则无此项记载,同时签单处显示被告代理实际承运人 M 公司签单。在货抵上海港后,商检结果确认部分货物遭受不同程度的损坏及水湿。

原告遂向法院提起诉讼,请求判令被告赔偿货损 68.2 万美元,并承担诉讼费。被告辩称,其身份是国际货运代理,不应承担承运人的义务。原告遭受货损系由其未购买足额保险产生,且货损发生与货装甲板无因果关系,据此请求法院驳回原告的诉讼请求。

显然,在实际业务中,国际货运代理既收取代理佣金,又赚取运费差价,一旦涉讼就极力掩饰其承运人身份而逃避责任的情况时有发生。因此,正确识别国际货运代理的身份就显得越来越重要,这既有利于防范、规避国际货运代理的商业风险,又可充分保障国际海运市场上各方当事人的合法权益。

第一节　概述

一、国际海运货代身份识别的意义

1. 双重法律关系

由于国际航运代理所处的中间人地位,国际航运代理在业务经营过程中必然涉及两个方面的关系:其一是内部关系(Internal Relationship),即航运代理与委托人之间的关系;其二是外部关系（External Relationship），即航运代理与第三人（指与航运代理实施法律行为的人，也称相对人）的关系。

2. 身份的易变性

国际航运代理有时是作为代理人出现，有时作为承运人出现。同时，在作为代理人时，其也可能是以自己的名义与第三人开展业务活动，而且也不能排除在一单业务的不同阶段，国际航运中间商具有不同身份的可能性，比如，在储货、报关、验收等环节作为代理人，在运输环节，作为承运人，签发提单并收取运费。

当国际航运代理向货主主张运费、仓储费等费用时，往往自称为当事人（无船承运人、多式联运经营人、场站经营人、第三方物流经营人），客户则认为其系货运代理人，无权主张运费、仓储费等费用；在货主或提单持有人向货运代理索赔货物损失时，通常将货运代理视为当事人，而货运代理则辩称其仅为代理人。

显然，在实践中，无论是航运代理还是货主或其他方，都应正确界定国际航运代理的性质及其责任，识别其身份，以避免发生风险。

二、国际海运货代关系链

在业务实践中，依国际航运代理的身份：代理人还是承运人的不同，可形成两种关系链。

1. 代理关系链

这是航运代理作为代理人时，与有关当事方所形成的关系链，具体可细分为以下三种代理关系链：

（1）直接代理关系链，即货主—货代—船公司。这是货代与货主建立代理关系后，以货主名义与船公司或其代理建立业务联系。

（2）转委托关系链，即货主—货代 A—货代 B—船公司。这是指货代 A 接受货主委托后，转委托货代 B，由货代 B 与船公司或其代理建立业务联系。

（3）间接代理关系链，即货主—货代—船公司。这是货代与货主建立代理关系后，以自己名义与船公司或其代理建立业务联系。

在代理关系链中，需要对国际航运代理的身份：直接代理还是间接代理，以及转委托是否成立等进行识别。

2. 运输关系链

这是航运代理作为无船承运人时，与有关当事方所形成的关系链。在货主—货代（作为无船承运人）—船公司的运输关系链中，货代是以无船承运人身份开展业务，由此与货主、船公司分别形成运输关系。

如前所述，在业务实践中，国际航运代理以自己的名义与承运人建立业务联系，既可能是间接代理人，也可能是无船承运人，因此，在运输关系链中，需要对国际航运代理的身份：代理人还是无船承运人进行识别。

在实践中，无论是国际海上货运代理还是国际船舶代理大多是以代理人的身份开展业务，基于此，特对国际航运代理作为代理人时所享有的权利与应承担的义务与责任进行分析。

第二节 在代理关系链中国际海运货代身份的识别

一、国际海运货代作为代理人的权利与义务

由于国际货运代理的不同身份(代理人、当事人),其享有的权利与承担的义务与责任也有所不同。目前,除了我国《海商法》《民法典》外,2012 年 5 月 1 日起施行的《最高人民法院关于审理海上货运代理纠纷案件若干问题的规定》(法释[2012]3 号,以下简称《司法解释》)对货运代理权利、义务与责任做了具体规定。

(一)国际海运货代作为代理人的权利

1. 报酬请求权

货运代理是以代办货物运输为营业之人,报酬请求权对其非常重要。在货运代理报酬请求纠纷中,委托人识别、报酬数额、支付报酬时间、约定包干费时的报酬等是主要的争议焦点。下面对概括委托下的报酬请求权问题予以说明。

概括委托是指双方当事人约定受托人为委托人处理一切事务的协议,这种委托有别于特别委托(即双方当事人约定受托人为委托人处理一项或者数项事务的委托)。在概括委托下,受托人的费用比较难以计算,因此,除双方有明确的约定外,往往会产生争议。《司法解释》第九条规定:"货运代理企业按照概括委托权限完成海上货运代理事务,请求委托人支付相关合理费用的,人民法院应予支持。"也就是说,在双方没有明确约定的情况下,货运代理请求委托人支付概括委托下的费用,法院可以根据具体的情况,支持货运代理合理的费用请求。对此,货运代理应进行初步的举证,而"合理的费用"则需要根据具体的情况判定。

最高人民法院关于审理海上货运代理纠纷案件若干问题的规定

2. 费用偿还请求权

委托人应当偿还货运代理为处理委托事务而垫付的必要费用及其利息。

(1)必要费用。必要费用是指受托人依指示并尽职处理委托事务时所需的费用。在确定必要费用的范围时,需要考虑委托事务的性质、货运代理的注意义务以及支出费用时的具体情况等因素,在具体个案中加以认定。此外,货运代理主张必要费用的,应当负举证责任。

(2)垫付费用与预付费用。对于垫付费用,货运代理有偿还请求权;对于预付费用,当委托人应当预付而不预付时,货运代理可以拒绝处理委托事务而不承担违约责任。

(3)利息。货运代理为了委托人的利益而垫付必要费用,实际上是委托人占用了货运代理的资金,理应从占用(即支出)之日起计算该资金的法定利息;对此,各国立法例及学说概莫能外。关于利息的起算点,《民法典》没有规定。在审判实践中,法院通常从货运代理主张权利之日起算。

3. 留置权

一般来说,留置权是指债权人因合同关系占有债务人的财物,在由此产生的债权未得到清偿以前留置该财物并在超过一定期限仍未得到清偿时依法变卖留置财物,从价款中优

先受偿的权利。

从货运代理业务的实践考虑，货运代理业务涉及的货物通常是在承运人的掌控之下，而货运代理企业只有通过持有单证才能有效地维护自身的利益。

《司法解释》第七条规定："海上货运代理合同约定货运代理企业交付处理海上货运代理事务取得的单证以委托人支付相关费用为条件，货运代理企业以委托人未支付相关费用为由拒绝交付单证的，人民法院应予支持。合同未约定或约定不明确，货运代理企业以委托人未支付相关费用为由拒绝交付单证的，人民法院应予支持，但提单、海运单或者其他运输单证除外。"

该条款明确了货运代理企业在满足行使同时履行抗辩权条件的情形下，可以扣留有关单证，但对于国际贸易的正常秩序有重大影响的提单等运输单证则禁止扣留。

（1）同时履行抗辩权。同时履行抗辩权是指双务合同中应当同时履行的一方当事人有证据证明另一方当事人在同时履行的时间不能履行或者不能适当履行，则到履行期时，其享有不履行或者部分履行的权利。关于这一点，主要体现在《民法典》第五百二十五条："当事人互负债务，没有先后履行顺序的，应当同时履行。一方在对方履行之前有权拒绝其履行要求。一方在对方履行债务不符合约定时，有权拒绝其相应的履行要求。"

（2）提单、海运单或者其他运输单证的留置。鉴于运输单证往往涉及国际贸易的结算，赋予货运代理企业拒绝交付提单等运输单证的权利将直接影响国际贸易的顺利进行，而且货运代理企业扣留核销单、报关单的行为基本上可以保护其合法权益，故《司法解释》明确规定，货运代理企业不得以行使同时履行抗辩权为由拒绝交付提单等运输单证，否则将构成违约并应承担相应的赔偿责任。

（二）国际货运代理的义务

1. 事务处理义务

国际货运代理协议的标的就是货运代理为委托人处理货物运输及相关事务的行为，事务处理义务是国际货运代理协议的主义务。

（1）依约处理委托事务。从法律行为的角度，可以将货运代理的事务处理义务分为两大类：代订运输合同（法律行为），代订运输合同之外的其他事务（事实行为）。委托人授予代理权时，前一种义务的约定一般伴随代理权的授予，其履行将产生代理的法律效果；后一种义务可称为附随义务，主要包括：无偿接受和交付货物，货物的保管、仓储、收仓、装载、称量，向承运人交付货物，包装，收取和预付保险费用，办理有关关税业务，以及更为普遍的行政性管理及检验等。

（2）依指示处理事务。货运代理应根据被代理人的指示进行代理活动。由于代理的后果由被代理人承受，因而被代理人可根据客观情况随时指示代理人，代理人具有遵守被代理人指示的义务。代理人不遵守被代理人的指示，构成代理人过错；由此给被代理人造成损失的，代理人应承担赔偿责任。

（3）忠实义务。该义务实际上是一种原则和精神，体现在受托人（代理人）各项具体的活动中，并延伸出若干具体规定。委托合同建立在双方当事人互信的基础上，受托人应当完全忠实于委托人，为委托人的利益处理事务，不得利用信息优势谋取合同以外的私利，也不得为第三人的利益而损害委托人的利益。自己代理、双方代理之所以被法律禁止，皆是因代理人违反了忠实义务。

（4）谨慎尽职的义务。所有的代理人对被代理人都有谨慎办事的义务。对此，大陆法系的民法要求代理人尽到一个"善良家长"对自己事务所应尽的责任，英美代理法则要求代理人对其所代理的事务给予"应有的注意"。代理人只有积极行使代理权，尽勤勉和谨慎的义务，才能实现和保护被代理人的利益。因此，货运代理在执行任务时应做到合理谨慎、尽职尽责、在合理时间内履行其义务，但合同另有约定的除外。

（5）自己处理义务。委托合同基于当事人之间的相互信赖，受托人应当亲自处理委托事务，不得将事务转委托他人处理。有关转委托的具体内容将在后面予以介绍。

2. 告知与保密的义务

《民法典》第九百二十四条规定："受托人应当按照委托人的要求，报告委托事务的处理情况。委托合同终止时，受托人应当报告委托事务的结果。"报告义务分为两种：一种是事务处理过程中的报告义务，另一种是事务终止时的报告义务。在货运代理收取总额运价并赚取其中差价时，其对差价的构成和明细更应负有报告义务。另外，货运代理应尽保密的义务，保守其商业秘密。若代理人未尽到职责，给被代理人造成损害的，代理人应承担责任。

3. 利益交付义务

《民法典》第九百二十七条规定："受托人处理委托事务取得的财产，应当转交给委托人。"就货运代理合同而言，应当转交的"财产"既包括货运代理接收的货物，也包括货运代理在合同履行过程中取得的各种单证，如从承运人处取得的提单、从海关取得的报关单和核销单等。

以提单为例，要求承运人签发提单是法律赋予托运人的一项权利。依据《海商法》第四十二条第三项的规定，托运人可以分为契约托运人和实际托运人。契约托运人是与承运人订立运输合同的人，实际托运人是将货物实际交付给承运人的人。在 FOB 贸易（即装运港船上交货）条件下，买方为契约托运人，卖方为实际托运人。《海商法》第七十二条规定："应托运人的要求，承运人应当签发提单。"在同时面对契约托运人和实际托运人时，承运人应向哪一个托运人签发提单，法律规定得并不明确，这也是《海商法》的不足之处。

实际上，依据《海商法》第七十二条的规定，国内卖方作为实际托运人亦有权请求承运人签发提单。虽然这一结论突破了合同相对性原则，即承运人应当将提单交付给与其订立海上货物运输合同的契约托运人，而非与其不具有运输合同关系的实际托运人，但该结论并不违反《海商法》的规定，实际托运人的地位正是《海商法》基于海商业务的特殊性而特别设定的。更重要的是，如此规定并未损害国外买方的利益，却能有效地保护国内卖方的合法权益，为我国的对外出口提供有力的保障。基于此，《司法解释》第八条规定："货运代理企业接受契约托运人的委托办理订舱事务，同时接受实际托运人的委托向承运人交付货物，实际托运人请求货运代理企业交付其取得的提单、海运单或者其他运输单证的，人民法院应予支持。"

由此可见，对于在 FOB 贸易条件下，货运代理企业应向买、卖哪一方交付提单这一问题，《司法解释》采取了保护货物所有人利益的司法政策，明确货运代理企业应向实际交付货物的卖方交付提单。从国际贸易制度的设计上讲，在 FOB 贸易条件下，买方为契约托运人，卖方为实际托运人。FOB 贸易条件实际上是单证的买卖，买方按照约定支付价款与卖方交付单证构成对等给付义务，也就是卖方取得运输单证是其请求买方支付货款的前提条件，否则贸易合同将无法履行。据此，可以认为买卖双方已经约定应由卖方取得运输单证以保证贸易合同的履行。因此，实际托运人有优先于契约托运人向货运代理企业主张交付单证的权利。此外，从我国的贸易实践出发，目前我国出口贸易中采用 FOB 贸易条件成交的交易居多，这一规定也有助于保护国内卖方的利益。

需要注意的是，在实践中，有些实际托运人可能怠于向货运代理企业请求交付单证，此时货运代理企业应履行报告义务，及时询问实际托运人如何处理单证，并取得实际托运人的书面授权，从而保护自己的合法权益，避免介入买卖双方的贸易纠纷之中。

二、在转委托关系链中国际海运货代身份的识别

1. 转委托的含义与特征

转委托，又称复代理、再代理，是指货运代理将委托人委托的事务在特殊情况下转委托给他人（称为复代理人）代理的行为。

（1）货运代理是行使代理权限的人，受托的复代理人的权限不得超过航运代理的权限。

（2）货运代理以自己名义选任复代理人，航运代理对复代理人有监督权及解任权。

（3）复代理不是航运代理的代理人，而是委托人的代理人，其所为法律行为的后果直接由委托人承担。

2. 转委托成立的条件

（1）除紧急状况外，货运代理将委托事务转由复代理人处理应取得委托人的事先同意或者事后追认。

（2）货运代理转委托复代理人处理受托事务必须是为了保护委托人的利益。

《司法解释》第五条规定："委托人与货运代理企业约定了转委托权限，当事人就权限范围内的海上货运代理事务主张委托人同意转委托的，人民法院应予支持。没有约定转委托权限，货运代理企业或第三人以委托人知道货运代理企业将海上货运代理事务转委托或部分转委托第三人处理而未表示反对为由，主张委托人同意转委托的，人民法院不予支持，但委托人的行为明确表明其接受转委托的除外。"

显然，《司法解释》采取了严格控制转委托的司法政策，以禁止转委托为原则。如果双方当事人约定了转委托权限，货运代理企业在约定权限内转委托他人办理相关事务，主张转委托经委托人同意的，应予以认定。在没有约定转委托权限的情况下，如果只是委托人知道货运代理企业将相关事务转委托他人而没有表示反对的，则不认为转委托经同意。

【案例 8-1】互利贸易公司和巨龙贸易公司签订了一份委托合同，欲将一批棉花存放于巨龙贸易公司所属的仓库。巨龙贸易公司将棉花运到仓库存放时发现该仓库严重破损，并且天气预报最近两天内将有大雨降临，若将棉花存放于此仓库内必将导致严重损失，而此时巨龙贸易公司又无法与互利贸易公司取得联系。无奈之下，巨龙贸易公司决定将这批棉花转至利达公司的仓库内存放，并委托利达公司代为管理。然而，棉花存放在利达仓库期间发生了失窃，为此，互利贸易公司要求巨龙贸易公司赔偿其损失，但巨龙贸易公司拒绝赔偿，理由是自己的转委托正当，该损失应该由互利贸易公司直接向利达公司索赔。双方争执不下，诉至法院。

【案例评析】

本案例中的受托人巨龙贸易公司在情况紧急且无法及时与委托人互利贸易公司取得联系的情况下，为避免互利贸易公司遭受损失，将互利贸易公司委托的事项转托给利达公司，虽然这一转委托行为未经委托人同意，但符合法律规定的特殊情况下转委托的要件，因

而该转委托的发生与已经委托人同意的转委托具有相同的效果。因此,利达公司因疏忽而导致棉花被盗窃造成的损失应该由互利贸易公司直接向利达公司索赔。

3. 转委托下受托人的责任

(1)转委托经同意的,受托人仅就第三人的选任及其对第三人的指示承担责任,不承担第三人清偿能力不足的补充支付责任。

(2)转委托未经同意的,受托人应当对第三人的行为承担责任,受托人因第三人的原因对委托人不履行义务造成违约的,应当向委托人承担违约责任。

4. 转委托下受托人的报酬请求权

(1)转委托经同意的,受托人在请求委托人返还其代为支付给第三人的款项之外,还可以请求一定数额的报酬。

(2)转委托未经同意的,受托人只能请求委托人返还其代为支付给第三人的款项,无权另行请求报酬,但双方另有约定的除外。

【案例8-2】2020年6月,被告开平厨具厂委托台山工艺公司代理出口26个货柜的货物运输事务,台山工艺公司又委托原告贺凯船务代理公司办理。随后原告以台山工艺公司的名义向中海集运办理了上述货柜的装运,取得中海集运签发的提单并交付台山工艺公司。托运单与提单记载的托运人均为台山工艺公司,装货港为蛇口,卸货港为汉堡。事后,因尚未收回所垫付的运杂费,原告向被告提出了索赔,并提供了被告曾发给原告的传真:"关于我厂代理出口公司台山工艺公司委托贵司装运的德国汉堡26X40'的提货,请贵司在接到我厂的通知,才可以放柜",以证明被告知道台山工艺公司转委托。被告虽然确认传真的内容,但否认同意台山工艺公司的转委托,并辩称自己既不是托运人也不是提单持有人,与本案没有关系。

【案例评析】

本案争议的核心在于台山工艺公司的转委托行为是否成立?被告是否应承担责任?

被告委托台山工艺公司出口货物,在被告与台山工艺公司的委托合同中,台山工艺公司是受托人。本案中没有证据证明,被告同意台山工艺公司转委托原告办理货物运输事务;也没有证据证明,存在台山工艺公司必须转委托的紧急情况。被告发给原告的传真可以证明被告知道台山工艺公司转委托,但不能证明被告同意台山工艺公司转委托。因此,原告、与被告之间不成立委托合同关系。被告不应对原告接受台山工艺公司的委托,办理货物运输事务的行为承担责任。

三、在间接代理关系链中国际海运货代身份的识别

(一)直接代理与间接代理的比较

1. 直接代理与间接代理的概念

直接代理与间接代理的区分就是根据代理人在开展业务活动时是否披露委托人的身份。

(1)直接代理,是指代理人接受委托后,以委托人的名义与第三方发生业务关系,第三人事先知晓代理人的委托代理关系。在英美法系国家,直接代理通常称为显名代理,其特征是披露委托人身份。

(2)间接代理,是指代理人接受委托后,以自己的名义与第三方发生业务关系,第三人

事先不知晓代理人的委托代理关系。在英美法系国家,间接代理通常称为隐名代理;在德国、法国、日本等大陆法系国家,间接代理通常称为经纪人。

可见,间接代理的特征是未披露委托人身份,即代理人以自己的名义与第三人进行法律行为。

2. 直接代理与间接代理的异同

(1)直接代理与间接代理的共同点

第一,直接代理人和间接代理人都是接受了委托人的委托,并为了委托人的利益而从事法律活动。也就是说,就代理权的产生依据而言,间接代理与直接代理是一致的,都需要委托人的委托授权。

第二,在直接代理的情况下,由于代理人是以委托人的名义同第三人进行法律行为,因此代理行为直接对委托人产生效力。在间接代理的情况下,如果第三人行使了选择权,则间接代理行为也会对委托人产生效力。

(2)直接代理与间接代理的不同点

第一,直接代理人是以委托人的名义同第三人进行法律行为,而间接代理人是以自己的名义同第三人进行法律行为。显然,在间接代理下,受托人虽然接受委托,但不将其代理身份告知第三人。对第三人来说,他直接与受托人打交道,而与委托人没有任何关系。间接代理的这个特征,使得第三人在与受托人订立合同时,视受托人为合同当事人,受托人也将自己置于合同当事人的地位,而不是代理人。在这里,委托关系是委托人与受托人之间的一种内部关系。

第二,在直接代理下,委托人对代理人的代理后果承担责任。而在间接代理下,委托人对代理人的代理后果间接承担责任。所谓间接,是指先由受托人自己对第三人承担一切后果,再由受托人将这些后果转移于委托人。这里有两层含义:首先,行为的后果最终由委托人承担;其次,后果的归属不像直接代理那样直接归于委托人,而是经由受托人移转给委托人。

第三,在间接代理下,委托人与第三人之间不存在合同关系。委托人不能直接对第三人主张权利,同样,第三人也不能直接对委托人主张权利。

(二)国际海运货代作为直接代理的责任

1. 代理人与委托人责任的划分

根据《民法典》第一百六十二条"代理人在代理权限内,以被代理人名义实施的民事法律行为,对被代理人发生效力"的规定,代理人的代理行为所产生的民事法律关系,其民事权利和民事义务的承担者只能是被代理人和第三人,而不包括代理人。可见,对外而言,代理人在履行代理义务过程中对第三人产生的责任应由委托人负责;对内而言,委托人对第三人承担责任后,有权根据委托代理协议的规定,向代理人追究相应的责任。

2. 代理人的责任与连带责任

(1)没有代理权、超越代理权或者代理权终止后实施民事法律行为所产生的法律责任,但经委托人追认的行为,或者委托人知道代理人以自己的名义实施民事行为而不做否认表示的,应由委托人承担责任。

(2)代理人在非因紧急情况而事先没有征得被代理人同意,事后又未被追认的情况下转委托的,由代理人对自己的转委托行为负民事责任。

(3)代理人不履行职责而给被代理人造成损害的,应当承担民事责任。

(4)代理人和第三人串通,损害被代理人的利益的,由代理人和第三人负连带责任。

(5)第三人知道代理人没有代理权、超越代理权或者代理权终止,仍与其实施民事行为而给他人造成损害的,由第三人与代理人负连带责任。

(6)委托书授权不明的,被代理人应当向第三人承担民事责任,代理人负连带责任。

(7)代理人知道委托代理的事项违法仍然进行代理活动的,或者被代理人知道代理人的代理行为违法而不表示反对的,由被代理人与代理人负连带责任。

(三)国际海运货代作为间接代理的责任

我国《民法典》第二十三章委托合同,基于订约时第三人是否知道委托关系,规定了两种不同的法律后果。

1. 由委托人对代理人的代理后果承担责任

主要适用订约时第三人知道委托关系,具体可细分为以下三种情况:

(1)第三人清楚地知道受托人与委托人之间的代理关系,也就是说第三人知道受托人是委托人的代理人。

(2)第三人是在订立合同时就知道受托人与委托人之间的代理关系。所谓在订约时第三人知道有代理关系,包括第三人知道代理人是在接受谁的委托在与其发生合同关系,知道具体的代理关系的内容。如果第三人在订约时只是知道有委托关系,但并不知道具体的委托人和委托内容,或者即使在第三人订约后知道具体的委托人和委托内容,则适用行纪关系的规定。这是因为如果对第三人知道的内容不做严格限制,例如,不要求第三人事先明确知道具体的委托人是谁,则将会使行纪关系转化为间接代理关系。

(3)没有确切证据证明该合同只约束受托人与第三人的。如果有证据证明该合同只约束受托人与第三人的情形,比如,受托人与第三人约定该合同只约束第三人与受托人,不涉及其他人;有交易习惯表明该合同只约束受托人与第三人,如行纪合同;有证据证明如果委托人作为该合同的当事人,第三人就不会订立该合同等,均不能适用此规定。

2. 通过委托人的介入权和第三人的选择权,委托人可能承受代理行为的后果

主要适用于订约时第三人不知道委托关系,具体涉及介入权、选择权、抗辩权和披露义务。

(1)委托人的介入权。《民法典》规定:"受托人以自己的名义与第三人订立合同时,第三人不知道受托人与委托人之间的代理关系的,受托人因第三人的原因对委托人不履行义务的,受托人应当向委托人披露第三人,委托人因此可以行使受托人对第三人的权利,但第三人与受托人订立合同时如果知道该委托人就不会订立合同的除外。"

(2)第三人的选择权。《民法典》规定:"受托人因委托人的原因对第三人不履行义务,受托人应当向第三人披露委托人,第三人因此可以选择受托人或者委托人作为相对人主张其权利,但第三人不得变更选定的相对人。"

(3)委托人或第三人的抗辩权。《民法典》规定:"委托人行使受托人对第三人的权利的,第三人可以向委托人主张其对受托人的抗辩。第三人选定委托人作为相对人的,委托人可以向第三人主张其对受托人的抗辩以及受托人对第三人的抗辩。"

(4)代理人的披露义务。所谓披露义务,是指在受托人以自己的名义与第三人订立合同时,如果第三人不知道委托人与受托人之间的代理关系,而因为第三人或委托人的原因

造成受托人不能履行义务,则受托人应当向委托人或第三人披露造成其违约的第三人或委托人。

综上所述,在国际货运代理作为代理人以自己的名义与第三人订立合同时,如果第三人知道代理关系,则对第三人而言,国际货运代理仍旧是委托方的代理人,即合同的当事人仍为委托人和第三人,除非事先约定该合同仅约束国际货运代理与第三人;如果第三人不知道代理关系,国际货运代理是否承担责任,取决于第三人的选择。也就是说,在间接代理下,国际货运代理人即使以自己的名义,也未必向第三人承担责任,除非是在以下情况:

一是有确切证据证明该合同只约束受托人与第三人;

二是第三人选择向国际货运代理主张权利;

三是国际货运代理不披露委托人。

第三节　在运输关系链中国际海运货代身份的识别

一、国际海运货代作为无船承运人的责任

无船承运人的法律地位与责任应与《汉堡规则》和我国《海商法》中的承运人的地位与法律责任相同。根据我国《海商法》的规定,承运人是指本人或委托他人以本人名义与托运人订立海上货物运输合同的人。实际承运人是指接受承运人委托,从事货物运输或者部分运输的人,包括接受转委托从事此项运输的其他人。

对于承运人与实际承运人的责任问题,现有国际公约或法律中基本采取如下原则:

1. 承运人对实际承运人的行为负连带责任,但承托双方事先有约定的除外

承运人的连带责任表明:承运人应当对合同约定的全部运输负责。承运人除了对自己及自己的受雇人或代理人的行为负责外,还必须对实际承运人及其受雇人或代理人的行为负责。可见,承运人的责任范围相当广泛,尤其在实务中,承运人很难控制实际承运人对其受雇人或代理人的选择。然而,如果法律不做出如此规定而免除承运人对实际承运人的受雇人或代理人的行为负责,货方的利益则难以保障,继之会影响商业关系的稳定。因而,实务中,为了减少上述风险,承运人不仅应选择合适的实际承运人,也应约束实际承运人选择合适的受雇人或代理人,并且做好监督工作。

由于国际运输常常涉及多式联运或多次转运,承运人所承担的风险相当大,因而,为了减少承运人的风险,法律允许承运人与托运人以合同的方式,指定履行部分运输合同的实际承运人,并清楚地表明:“货物在指定的实际承运人掌管期间发生的灭失、损失或者延迟交付,承运人不负赔偿责任。”然而,承运人与托运人达成的有关限制或免除其对多式联运或多次转运中任何特定阶段的责任的条款,如欲对其他提单/运单持有人发生效力,则必须在提单或运单中明示以便让其知悉。

2. 实际承运人对其履行的运输承担与承运人同等的法律责任

这一原则表明:实际承运人对自身及其受雇人或代理人的行为责任仅限于自己履行的运输期间,而且,由于他与托运人无合同关系,因而,对于承运人与托运人间约定的诸如扩大承运人责任范围、放弃承运人所享有的责任限制或放弃免除责任等超出法定责任的条

款,只有在实际承运人以书面方式表示接受时才对实际承运人发生效力。因此,承运人在接受此类义务之前,应考虑实际承运人是否接受,否则将由自己承担此类义务。

3. 承运人、实际承运人及他们的受雇人或代理人的赔偿总额不能超出法定限额

这一原则表明:托运人或收货人无权以分别追索赔偿的方式取得双倍赔偿。这也说明实际承运人对其履行运输承担责任的同时,也享有法律所规定的有关承运人的权利及责任限制与法定免责事项。

4. 承运人与实际承运人可按他们之间的合同约定相互追偿

当承运人或实际承运人赔偿了托运人或收货人以后,承运人与实际承运人可按他们之间的合同约定相互追偿。

5. 一般情况下,向承运人或实际承运人提出的索赔或发出的指示具有同等的效力

按照我国《海商法》第八十五条的规定,当货物由实际承运人交付时,收货人依照规定向实际承运人或承运人提交的有关货物、损坏、灭失等通知,与向承运人或实际承运人提交的书面通知具有同等效力。

二、国际海运货代身份识别标准与案例分析

有关识别标准,2012 年 5 月 1 日起施行的《最高人民法院关于审理海上货运代理纠纷案件若干问题的规定》第三条、第四条对此做出如下规定:

第三条　人民法院应根据书面合同约定的权利和义务的性质,并综合考虑货运代理企业取得报酬的名义和方式、开具的发票种类和收费项目、当事人之间的交易习惯以及合同实际履行的其他情况,认定海上货运代理合同关系是否成立。

第四条　货运代理企业在处理海上货运代理事务过程中以自己的名义签发提单、海运单或者其他运输单证,委托人据此主张货运代理企业承担承运人责任的,人民法院应予支持。货运代理企业以承运人代理人名义签发提单、海运单或者其他运输单证,但不能证明取得承运人授权,委托人据此主张货运代理企业承担承运人责任的,人民法院应予支持。

由此可见,在实践中判断海上货运代理的身份是代理人还是无船承运人,主要依据以下三大标准:

(1)当事人签订的书面合同的名称和内容。

(2)提单的格式和签署。

(3)其他因素。

1. 当事人签订的书面合同的名称和内容

(1)当事人之间签订了具体的书面合同。通常根据合同的名称和内容判断该合同属于运输合同还是代理合同,进一步判断货运代理的法律身份(无船承运人或货运代理人)。如果合同的名称与合同的内容不一致,如合同的名称为运输合同,而合同的内容中没有运输合同的基本条款,则以合同的内容为准。

(2)当事人之间签订了规范长期业务的框架协议。除非当事人之间就某笔具体业务另订协议,判断某笔具体业务中产生的纠纷,还必须结合该笔业务中签发提单的情况或者其他因素。

(3)当事人之间签订的合同中对其身份没有明确约定、措辞含糊。此时,必须借助提单或者其他因素以识别货运代理的身份。一些国家很可能做出有利于托运人的判定,即认定货运代理为承运人或经营人。理由是货运代理营业范围的扩张造成了混淆,同时,由于缺

乏对货运代理意欲充当角色的清楚说明,无经验的托运人有权利将他们之间的合同视为运输合同。

【案例8-3】4月27日,广州国际与中成公司签订"孟加拉国工程设备物资货运代理合同",其中约定:中成公司负责按照广州国际的要求将货物安全、及时地运往目的港,并随时提供航运信息,直到收货人如期提货;中成公司负责自货物运至指定仓库交货起至货物运抵吉大港卸船并交付给收货人为止的全部工作,包括卸车、接货、理货、装箱、码头监装监卸、整理并重新包装、核对标记、丈量尺码、翻译制单、法定商检或换证、代理租船订舱、集港、装船、出口报关报检及运输到吉大港卸船等工作,对货物妥善保管、小心运输,并保持包装完好,如因中成公司存储、运输、装卸不当造成货物损失的,应赔偿广州国际由此而产生的除货运保险责任外的一切损失;中成公司收取的海运费用包括运费、港口包干费、仓储费、报关费。5月16日,广州国际向中成公司出具一份以"广州国际"为抬头的出口货物托运单,其中记载:起运港为上海,运往地点孟加拉国吉大港,托运人为广州国际,特约事项记载为散货,在"托运人盖章"栏中盖有广州国际的公章。5月17日,中成公司向新加坡胜利海运公司的装货港代理人中海公司出具一份以"中成公司"为抬头的出口货物托运单,其记载与广州国际出具的出口货物托运单相同,但在"托运人盖章"栏中盖有"中成公司业务章(1)"。6月7日,中成上海分公司出具并留底的托运单上的记载与前两份托运单相同。6月30日,货物装上新加坡胜利海运公司所属的"顺安"轮。7月3日,广州国际和中成公司共同向中海公司出具一份倒签提单保函,请求将提单倒签至6月20日。其后,中海公司以船东代理人的身份签发了日期为6月20日、签发地为上海、抬头为"胜利海运"的已装船提单一式三份,其中记载:托运人为广州国际,收货人为达卡供电局,装货港为上海港,卸货港为吉大港。8月31日,"顺安"轮抵达目的港孟加拉国吉大港并开始卸货,发现有12箱配电变压器和19箱电缆不同程度受损。原告广东人保赔偿广州国际后取得代位求偿权,请求判令被告中成公司赔偿。广州国际出具的货物发票显示,涉案货物以CIF价格条件成交。

【案例评析】

第一,广州国际与中成公司签订的货运代理合同是什么性质?

双方的合同为运输合同。被告中成公司与广州国际签订的"孟加拉国工程设备物资货运代理合同",尽管其中有代为报关等中成公司作为代理人的约定,但其内容主要是关于中成公司作为承运人、广州国际作为托运人的权利和义务的约定以及运费收取、安全运输等规定,符合货物运输合同的条件和特征,因而应认定该份合同为含有货运代理内容的国际海上货物运输合同。广州国际与中成公司之间的海上货物运输合同关系成立。合同的名称虽为"货运代理合同",但与合同的主要内容不吻合,故不能认定该合同为货运代理合同。

第二,中成公司以"合同约定广州国际放弃因货运保险责任向我方索赔的权利"为由,拒赔保险公司是否成立?

该理由不成立。当事人可以在海上货物运输合同中约定免责条款,但不得减免承运人根据《海商法》规定所应承担的法律责任。《海商法》第五十一条已列明了承运人对其责任期间内的货物灭失或者损坏的免责范围,超出该免责范围的承运人免责约定因违反法律的强制性规定而无效。被告中成公司与广州国际在合同中关于中成公司不承担货运保险责任的货损的约定,超出了法律关于承运人免责范围的规定,故该约定无效。该约定的无效不影响合同其余条款的效力。

第三,被告认为,被保险人广州国际在货损发生时对保险标的不具有保险利益,原告应当对目的港的收货人理赔,其对广州国际的理赔错误,不能取得代位求偿权,这种看法是否正确?

提单记载的收货人是达卡供电局。广州国际出具的货物发票显示,涉案货物以 CIF 价格条件成交,这表明货物在装货港越过船舷之前,由广州国际承担货物灭失或损坏的风险,越过船舷之后则由收货人达卡供电局承担该风险,即当被保险货物越过船舷后,广州国际就不再承担货物损坏或灭失的风险,从而丧失了保险利益,故其虽持有提单和保险单,也无权要求保险人赔付保险单项下的货物损失。原告对不具有保险利益的广州国际的赔付不符合法律规定,其赔付后不能合法地取得代位求偿权。另外,涉案提单为记名提单,记名的收货人为达卡供电局,而货物已在目的港完成交付,有关货物的索赔权已转移给收货人,原告代位托运人广州国际向承运人要求赔偿,亦无法律依据。

2. 提单的格式和签署

提单是辨明法律关系的重要线索,提单的抬头、签署、正面记载、背面条款对于识别承运人、判定承运人的权利和义务都具有重要的证明意义。一般来说,提单上用于确认承运人身份的记载有三处:提单抬头、提单签单章以及提单背面的"承运人识别条款"。对于提单背面的"承运人识别条款",鉴于其有可能使承运人有机会规避最低限度的义务,因而否认其效力是大势所趋,故在审判实践中一般根据前两者来认定,尤以签单章为优先。

(1)货运代理签发自己格式的提单。有时,货运代理会签发自己格式的提单,包括无船承运人提单、货运代理提单或国际多式联运提单。在这种情况下,法院通常认定货运代理为承运人或国际多式联运经营人,无论其在提单中的签署表示为承运人还是代理人,除非货运代理能够提出类似如下案例中的相反证据。

【案例8-4】原告 A 公司委托被告美商 Y 公司将一批机翼壁板由美国长滩运至中国上海。实际承运人 M 公司签发给被告的提单上载明"货装舱面,风险和费用由托运人承担"。而被告 Y 公司向原告签发的以自己为抬头的提单上无此项记载,同时签单处表明被告代理实际承运人 M 公司签单。在货抵上海港后,商检结果确认部分货物遭受不同程度的损坏及水湿。为此,原告向被告提出赔偿 68.2 万美元损失的请求,被告虽辩称自己的身份是货运代理,但没有提出相应的证据。

【案例评析】

第一,本案被告欲证明自己的身份是货运代理,需要提供哪些证据?

本案提单上的签单章表明被告是作为实际承运人的代理人而代签提单,但提单抬头却是被告本身的。因此,被告欲主张自己为货运代理,必须证明两点:①证明其与实际承运人之间存在代理签单协议;②证明实际承运人在该提单签发时是合法存在的。

第二,被告赔偿后能否向实际承运人追偿?应如何防范此类风险?

不能,因为实际承运人在提单上批注了"货装舱面,风险和费用由托运人承担"。货运代理不签发提单,或在签发提单时确保货运代理提单与船公司提单的责任条款相一致,以便事后可向实际承运人追偿。

(2)货运代理签发其他人(货运代理、无船承运人、船东)的提单。如果货运代理是接受被代理人的委托授权签发提单,则属于隐名代理,适用《合同法》的第四百零二条至第四百零三条的规定;反之,则需要承担承运人的责任。

在实践中,许多货运代理签发提单时会在提单上表明其是"作为代理人,作为承运人的代理人"(as agent,as agent for the carrier)代签提单,发生纠纷后试图以此回避其承运人的身份。在这种情况下，如果货运代理要主张自己为承运人的代理人，必须证明两点：一是其与被代理人确实存在签发提单的委托关系，而且两者确实独立存在；二是被代理人在该提单签发时是合法存在的。

【案例8-5】U公司向V货运代理托运货物，持有抬头为Globe公司的提单，提单背面条款第三条载明："本提单项下的承运人是指Globe公司。"该提单由V货运代理签署，但没有表明是作为承运人还是作为代理人签署。U公司要求V货运代理赔偿无单放货损失。V货运代理辩称其只是Globe公司的代理人，不承担赔偿责任，并出示了Globe公司在美国合法注册的证明，以及授权V货运代理签发提单的委托书。

【案例评析】

U公司是否有权要求V货运代理承担赔偿责任？为什么？

U公司有权要求V货运代理承担赔偿责任。一审：被告在以盖章方式签发提单时虽未注明其身份是承运人还是代理人，但根据提单背面承运人识别条款，涉案提单项下的承运人应是Globe公司，原告与被告之间并不存在海上货物运输合同法律关系。判决：对被告的诉讼请求不予支持。二审：V货运代理属于隐名代理，由于是在事后才披露Globe公司的承运人身份，根据《合同法》第四百零三条的规定，U公司既可以向Globe公司主张权利，也可以选择向V货运代理主张权利。

（3）以代理人的身份签单。在实践中，许多货运代理签发提单时会在提单上表明其是"作为代理人，作为承运人的代理人"（as agent, as agent for the carrier）代签提单，发生纠纷后试图以此回避其承运人的身份。在这种情况下，如果货运代理要主张自己为承运人的代理人，必须证明两点：一是其与被代理人确实存在签发提单的委托关系，而且两者确实独立存在；二是被代理人在该提单签发时是合法存在的。

【案例8-6】原告A公司将一批风衣交给被告B公司，委托其从中国海运到意大利后取得一套正本提单，该提单的抬头为新加坡F船公司，提单显示托运人为A公司、收货人凭中国银行指示，签单处盖有B公司职员李某和深圳D公司的印章。A公司以两被告无单放货为由提起诉讼，要求两被告承担违约责任。在庭审过程中，C公司自认是本案的承运人，表明其与B公司存在代理协议，并授权B公司职员李某签发提单。B公司也承认自己是C公司的代理人。经查，签发上述提单的深圳D公司不存在，新加坡F船公司既未与C公司签过代理协议，也未向C公司出具授权委托书和事后追认授权。

【案例评析】

本案各方当事人的身份如何？各自应承担何种责任？

A公司是托运人，B公司是C公司的代理人，C公司是无船承运人，F船公司是实际承运人，应由C公司承担责任。理由是：A公司未提供证据证明其向B公司订舱，也未证明B公司作为托运人向实际承运人新加坡F船公司订舱出运货物。C公司自认是承运人，并提交证据证明授权李某签发提单，与B公司存在转委托关系。作为实际承运人的新加坡F船公司从未与C公司签过代理协议，也没有向C公司出具授权委托书，事后也没有追认，所以C公司代理签单是一种无权代理新加坡F船公司的行为。因此，认定B公司为承运人C公司的代理人，C公司为本案的无船承运人。本案提单为指示提单，C公司作为承运人在未收回正本提单的前提下指示新加坡F船公司将货物放行，违反了承运人凭正本提单交付货物的法定义务，造成了A公司收不到货款，理应承担违约责任。B公司作为C公司的代理人，其没有过错，对本案海上货物运输合同纠纷不承担责任。

3. 其他因素

以书面合同或者提单作为识别货运代理身份的标准,并不能得出这样的结论,即货运代理没有与委托人(托运人)签订书面运输合同或者没有使用自己格式的无船承运人提单,则必然退居货运代理的地位。

在委托人与货运代理之间不存在书面合同、货运代理也没有签发自己格式的无船承运人提单的情况下,主要依据以下步骤识别货运代理的身份:

(1)从货运代理对委托人的询价答复、托运单或者委托书的内容、第三方(船公司等)签发给货运代理的提单等方面综合考虑。一般来说,如果委托人指定了船公司,或者货运代理在答复委托人的询价时披露了船公司并且/或者提供了多家船公司供委托人选择,托运单或者委托书记载了船名或者以其他方式表明了货运代理的代理人身份,船公司签发给货运代理的提单记载的托运人是委托人,则应当认为货运代理披露了承运人,并且明示或者暗示了其代理人的身份;反之,如果货运代理在相关文件中没有披露承运人,也没有表明其代理人的身份,而且船公司签发的提单中记载的托运人是货运代理,则一般应认定货运代理为无船承运人。

(2)当依据上述因素仍不足以做出判断时,还可以参考其他因素。其他因素包括委托人与货运代理之间的往来函件、双方的交易历史、货运代理的参与程度和发票形式等。这些因素与上段所列的因素相比,它们的正式性、重要性和相关性都比较低,因此只能作为附加因素考虑。此外,贸易条件也可能成为参考的因素。例如,在FOB价格条件下,由买方委托境外的货运代理办理相关事务,境外货运代理转委托境内货运代理办理境内的部分事务,此时,由于境内货运代理不直接受托于国内的买方,因此其被认定为承运人的可能性极小。

【案例8-7】原告A货运代理与被告B贸易公司自2019年7月起就有货运业务往来,且双方的交易习惯是原告按被告要求对货物进行卸载、装柜并代被告先垫付相关的费用,然后被告根据其职员在原告出具的铁路整车货物、汽车货物中转委托单上的签名确认相关费用并向原告支付费用。2020年3月,原告称履行了对被告所交付货物的装卸、运输工作及代垫了相关的费用,但被告对其确认应支付的款项却迟迟不予给付。在庭审中,原告提供了被告职员胡永红在双方没有争议的月份费用确认单(即铁路整车货物、汽车货物中转委托单上的签名确认)和根据该确认单被告给付款项的银行对账单,以证明双方之间是按这样的交易习惯履行的,而被告则予以否认。经查,胡永红是被告聘请的业务员。

【案例评析】

双方是否存在运输合同关系? 本案被告是否有权拒付经其职员胡永红签名确认的费用?

在本案中,尽管双方没有订立书面合同,但根据交易习惯可以认定:原、被告双方货运合同关系成立,而且在费用支付方面,首先由原告垫付费用,然后再由被告付款结清。

参考文献

[1] 孙家庆.国际航运代理理论与实务.2 版.大连:大连海事大学出版社,2014.

[2] 孙家庆.国际货运代理.6 版.大连:东北财经大学出版社,2021.

[3] 孙家庆.国际货运代理实务.3 版.北京:中国人民大学出版社,2021.

[4] 孙家庆.国际货运代理风险规避与案例分析.北京:科学出版社,2009.

[5] 孙家庆.运输代理理论与实务.北京:人民交通大学出版社,2018.

[6] 孙家庆.集装箱多式联运.4 版.北京:中国人民大学出版社,2020.

[7] 孙晓,金飒帅.货运代理.上海:华东师范大学出版社,2022.

[8] 李贺.国际货运代理.2 版.上海:上海财经大学出版社,2023.

[9] 顾永才,王斌义.国际货运代理实务.6 版.北京:首都经济贸易大学出版社,2023.

[10] 苏兆河.货运代理.北京:中国劳动社会保障出版社,2021.

[11] 李凌,李海峰.国际货运代理实务.4 版.北京:对外经贸大学出版社,2023.

[12] 王学锋.国际航运代理理论与实务.上海:上海交通大学出版社,2014.

[13] 孟于群.无船承运人法律实务及案例.北京:中国商务出版社,2014.

[14] 于晓丹.国际船舶代理实务与法律.大连:大连海事大学出版社,2019.

[15] 徐秦.国际船舶代理实务.武汉:武汉大学出版社,2012.

[16] 中国船舶代理及无船承运人协会.国际船舶代理与无船承运业务实务.北京:中国海关出版社,2009.

[17] 谢富敏,宋彦安.国际海运代理业务.上海:立信会计出版社,2015.

[18] 杨良宜,杨大明.提单与其他付运单证航运实务丛谈.大连:大连海事大学出版社,2016.

[19] 司玉琢.海商法.5 版.北京:法律出版社,2023.

[20] 黎孝先,王健.国际贸易实务.7 版.北京:对外经贸大学出版社,2023.